EL LENGUAJE MUSICAL

Redbook
ediciones

Josep Jofré i Fradera

EL LENGUAJE MUSICAL

© 2015, Josep Jofré i Fradera

© 2015, Redbook Ediciones, s. l., Barcelona.

Diseño de cubierta: Regina Richling.

Ilustración de cubierta: iStockphoto

Diseño interior: Cifra, s.l. (Francisco Murcia).

ISBN: 978-84-15256-78-6

Depósito legal: B-15.015-2015

Impreso por Sagrafic, Plaza Urquinaona, 14 7º 3ª, 08010 Barcelona

Impreso en España - *Printed in Spain*

*A mi padre, que sólo pudo compartir
mis primeros pasos en el mundo de la música,
y a mi madre, que guarda su recuerdo con
suma atención.*

Agradecimientos

Mi especial agradecimiento a los editores de este libro, Manuel Martínez y Sergio Aguilar, por la confianza depositada en mí cuando, por ambas partes, sólo existía una gran cantidad de buenas intenciones y por el tiempo y la comprensión que me han ofrecido hasta que se ha hecho realidad la edición. Deseo también mencionar, de una manera expresa, a Francisco Murcia, por su esmerada dedicación y colaboración en compaginación y revisión del libro.

Quiero dar las gracias muy especialmente a Carles Guinovart por haberme puesto en contacto con la editorial y por haberme permitido robarle parte de su tiempo en la escritura del prólogo.

Debo también expresar mi agradecimiento a Ramón Silles, por la lectura del original y por sus siempre exactas observaciones, agradecimiento que hago extensivo a Ivan Nommick y Germán Gan.

Deseo agradecer de una manera muy especial la intensa complicidad de Judit Busquets, así como su valiosa y enérgica contribución en la preparación de numerosos ejemplos y en la corrección del manuscrito. Debo destacar la valiosa colaboración en la obtención de materiales bibliográficos de Inmaculada González y Carlos Vidaurri.

También doy las gracias a Benet Casablancas, quien me enseñara a mirar y a escuchar la música con toda libertad, agradecimiento que hago llegar a todos los profesores con los que he trabajado.

No puedo olvidar a los familiares y amigos, especialmente a Anna Bayés, por la paciencia que han tenido conmigo durante el tiempo de la redacción del manuscrito y por el ánimo que me han transmitido siempre.

Gracias a todos por sus valiosas contribuciones a este proyecto.

Índice

PRÓLOGO 15

PRESENTACIÓN 19

LA NOTACIÓN. SISTEMAS Y EVOLUCIÓN 21
Sistemas de notación 22
    Los primeros indicios 22
    Los sistemas fónicos: letras del alfabeto,
        sílabas y palabras 23
    La notación ecfonética 25
    La quironomía 26
    La notación neumática 26
    Sistemas de tablatura 27
    El sistema moderno de notación. Un sistema híbrido 27
Evolución de la notación occidental.
  Un camino hacia la concreción
  en la comunicación de las ideas musicales 30
    Orígenes en la Grecia clásica 30
    Guido d'Arezzo. La creación de la escala de referencia ... 31
    Música recta y ficta. Teoría versus práctica 34
    Neumas. La cuna de la notación actual 35
    El pentagrama embrionario y las claves 37

La notación en las primeras polifonías. Soluciones
    para interpretar melodías simultáneas 38
La notación cuadrada. Un primer paso hacia
    la unificación de las grafías 39
El problema de la notación del ritmo 41
El sistema y la notación mensurales 45
Escritura en partes separadas. El motete 48
Ars Nova. Innovaciones en la división
    de los valores y la necesidad del compás 49
El nacimiento de la música impresa. Un camino
    imparable hacia la modernidad 52

CONCEPTOS BÁSICOS 55
Las figuras de sonido y de silencio.
    Su duración y representación gráfica 55
    Las figuras de duración de sonido 55
    Plicas, corchetes y barras 56
    Otras figuras de duración 59
    Nuevas notaciones de duración 60
    Las figuras de silencio 63
Las figuras de sonido.
    Su altura y representación gráfica 64
    El nombre de las notas y los sistemas de denominación 65
    Las alteraciones de las notas 66
    Nomenclatura de las alteraciones
    y de las notas en distintos idiomas 69
La pauta musical o pentagrama.
    Un soporte para la notación de las alturas 69
Claves o llaves.
    Nomenclatura, representación gráfica y usos 72
Soportes múltiples. Uso de varios pentagramas 77
La representación gráfica de los sonidos
    en la música contemporánea 81

LA MÉTRICA 87
Compás 88
Niveles métricos inferiores al compás:
    tiempo y partes (división y subdivisión) 90
Cifrado característico de un compás (simple) 90

Compases simples y compuestos 91
La unidad de compás 94
Marcar el compás 94
Cambios de compás y las equivalencias 94
Tiempos fuertes y débiles 99
Síncopas y contratiempos 100
Algunas particularidades de los compases.
    Anacrusas y compases incompletos 104
Compases particulares 105

SIGNOS COMPLEMENTARIOS 109
El calderón o corona 109
Calderón *tenuto* 110
Calderón pesante 112
Calderón de coral 113
Calderón de cadencia o de improvisación 114
Calderón para cambio de *tempo* 116
Calderón escénico 119
Calderón de separación 121
Calderón *fine* 122
Ligadura de prolongación rítmica y puntillo 122
Ligadura de prolongación rítmica 123
El puntillo 131
Divisiones artificiales 138
Grupos artificiales deficientes y excedentes 139
Grupos artificiales de equivalencia fija y variable 142
Principales grupos artificiales 144
Repeticiones y abreviaturas 153
Repeticiones 153
Abreviaturas 157
La expresión musical.
    Elementos para la interpretación y el fraseo 163
El movimiento o *tempo* 166
El carácter 176
La dinámica o el matiz 179
La acentuación y la articulación 182
Las notas de adorno 191
    Los adornos esenciales o franceses 193
    La ornamentación libre o italiana 210

INTERVALOS 211
Cuantificación de los intervalos 212
Calificación de los intervalos 216
Consonancia y disonancia 222

ANEXO. ÍNDICES DE ALTURA 227

NOTAS 229

BIBLIOGRAFÍA 237

Prólogo

La música es un fenómeno complejo, y su estudio nos aproxima a ella, a su lenguaje y a sus aspectos creativos. La música tiene mucho que ver tanto con la evolución de las diferentes manifestaciones de la cultura como con la evolución misma de la humanidad.

Ante una idea tan global es necesario acotar los aspectos históricos, estéticos (de cada época) e incluso técnicos (como los de la *notación*), entre muchos otros temas de la teoría musical.

El libro que tenemos en las manos, ambicioso en su proyecto, pero asequible en su planteamiento, consigue aproximarse a la idea del lenguaje musical entendiendo éste como un fenómeno vivo y en continua evolución. Sin duda se trata de una obra de consulta que se adapta tanto a las necesidades del melómano como a las del estudiante y del pedagogo; su contenido no sólo cubre una necesidad relativa al campo de la didáctica, sino que intenta satisfacer la curiosidad que nos despierta la expresión artística del medio sonoro.

El rigor intelectual del autor del libro, músico de vastos conocimientos, le permite enfocar la obra, planteada en varios volúmenes, de manera progresiva, lo cual invita al lector a adentrarse con gozo y facilidad en este mundo fascinante de la música. Abordar un tema tan sutil y delicado como el del lenguaje musical sólo puede hacerse desde una perspectiva muy amplia y avalada por la experiencia. Josep Jofré i Fradera no destaca sólo por su faceta de excelente profesor, sino que sus inquietudes le llevan con frecuencia a participar en los cursos magistrales que se celebran regularmente en la Universidad de Alcalá de Henares sobre un tema tan atractivo y necesario como es el del análisis musical. Su sagacidad en este campo le convierte en la persona idónea para escribir un libro como éste, un libro sobre los temas de la teoría de la música, pero explicado de forma amena, de manera distinta a los tratados al uso, sin renunciar, como hemos dicho, a su cualidad de libro de referencia y de consulta.

Su contacto directo con los jóvenes estudiantes y su continua aplicación de una didáctica creativa para incentivar sus estímulos sitúan al autor en una posición privilegiada para abordar este trabajo con un enfoque y unos contenidos progresivos y asequibles.

Como ya hemos dicho, al tratarse de un libro de consulta el texto no necesita ser leído desde la primera página, pero, sin duda, desde la primera a la última página el autor ofrece un actualizado y riguroso tratado de iniciación a los conceptos y los temas fundamentales del lenguaje musical. Quienes, por ejemplo, deseen acercarse de inmediato a la práctica de la música y comprender la nociones del solfeo y la valoración del ritmo podrán dirigirse directamente al capítulo que trata de los «Conceptos elementales de la teoría de la música». Pero la *teoría* aquí explicada no se limita a repetir los elementos básicos que se deben conocer, sino que amplía, con abundancia de ejemplos de la música de todas las épocas, y también del siglo XX (interesantísimos aunque sólo fuera como muestrario de una nueva notación), ejemplos que no es habitual ver citados en los libros básicos de divulgación. Ésta es precisamente otra de las grandes cualidades de este volumen: la profusión de ejemplos musicales de todas las épocas, lo que vienen a demostrar, una vez más, que «una imagen vale más que mil palabras». Es un rasgo del libro que denota su carácter sintetizador.

Estos ejemplos musicales son más útiles, desde luego, para un lector por lo menos iniciado que conozca, aunque sea rudimentariamente, la lectura de un texto musical. De este modo, da la sensación de que el autor se propone cumplir un doble propósito: por una parte, el conocimiento de los conceptos fundamentales de la notación musical (su ortografía y significación) y, por otra, un acercamiento a la literatura musical a través de numerosos ejemplos. La curiosidad que despierta a veces un breve fragmento puede inducir a la escucha de la obra completa, cuando no a la lectura de la partitura misma.

Se cumple así un proceso de contextualización histórica y estilística en un nivel básico que va desde la simple notación y aspectos de nomenclatura hasta los conceptos más abstractos de consonancia y disonancia.

El carácter didáctico de la obra emprendida por el autor tiene, al menos en este primer volumen, un planteamiento descriptivo y enunciativo; el segundo volumen abordará el delicado tema de la sintaxis musical y, dentro de ella, consecuentemente, sus aspectos estilísticos y estéticos. Aplaudimos pues esta primera entrega en un momento de revolución de los estudios musicales, y esperamos que el libro tenga la buena acogida y la oportunidad que merece.

CARLES GUINOVART I RUBIELLA
Catedrático de composición en el Conservatorio
Superior Municipal de Música de Barcelona. Profesor
de análisis musical en el Centro Superior de Música
del País Vasco (Musikene) y la Escola Superior
de Música de Catalunya (Esmuc) y profesor
fundador en la Escuela Superior de Música
Reina Sofía, en Madrid.

Presentación

El presente libro es el primero de una serie de tres dedicados al lenguaje musical. Trata de sus elementos ortográficos, es decir, de aquellos que, usados para poder transmitir las ideas de los compositores con las mínimas interferencias, se han hecho imprescindibles para la notación musical.

De hecho, aborda las cuestiones que tradicionalmente han ido asociadas a la teoría de la música, pero separando las que forman parte de los sistemas de organización de los sonidos (las cuales se estudiarán en un próximo libro dedicado a la sintaxis en el ámbito de la música).

Se trata, pues, de un libro de consulta, útil tanto para estudiantes como para melómanos y profesionales (en especial pedagogos).

En él he pretendido enfocar los temas de una manera detallada y global (sin estratificación por cursos), y he intentado clarificar aquellas cuestiones que tradicionalmente estaban definidas de manera un tanto ambigua.

He considerado importante empezar con la descripción de diferentes sistemas de notación, con la finalidad de que el lector tome conciencia de que no sólo existe el sistema occidental «clásico», sino que en diferentes civilizaciones se han usado sistemas propios, aunque, mirados desde el punto de vista de la funcionalidad, todos ellos han tenido como objetivo, y siguen teniéndolo, la transmisión lo más exacta posible de la información contenida en una texto (partitura) musical.

Mediante la contextualización histórica de diferentes temas tratados en el libro (nomenclatura, concepto de consonancia y disonancia, etc.), he pretendido mostrar la riqueza del lenguaje musical, así como su proceso de adaptación en tanto que herramienta al servicio de los compositores.

He hecho especial hincapié también en la cuestión terminológica, así como en los signos usados en la música escrita a partir del siglo XX.

Finalmente, y como metodología de trabajo, he usado, siempre que ha sido posible, ejemplos de la literatura musical; de esta manera, el lector, además de comprobar en la partitura cómo el compositor ha afrontado cada una de las cuestiones, tendrá la referencia para poder acceder a su escucha.

J. J. i F.

La notación.
Sistemas y evolución

Antes de entrar de lleno en los elementos básicos de la ortografía y de la teoría musical es preciso hacer un balance de los distintos sistemas de notación, así como de la evolución de nuestro sistema occidental.

Los compositores,[1] en su propio marco cultural y a lo largo de la historia, se han servido de los elementos lógicos a su alcance para asociar determinados signos gráficos con sonidos. A este proceso intelectual se le ha llamado *notación*, y los resultados particulares a los que se llega constituyen los *sistemas de notación*. Dichos sistemas surgieron de la necesidad de fijar los elementos musicales expuestos a la fragilidad de la memoria y así poder transmitirlos con el menor numero de interferencias posibles.

Este hecho es de vital importancia en la evolución de la música, porque el camino hacia la comprensión global de los sistemas de notación y su relación conlleva la formalización de un lenguaje que nos permite comprender y transmitir el hecho musical fuera de su contexto y tradición.

Asimismo, hay que remarcar que la notación ha ido evolucionando con los compositores y las obras en función de las necesidades de cada momento, siguiendo como pauta la precisión en el significado.

Sistemas de notación

A continuación se expondrán varios sistemas de notación que hicieron posible en diferentes épocas y lugares que los músicos pudieran transmitir sus ideas musicales y que éstas fueran interpretadas. Los diferentes sistemas aparecidos a lo largo de la historia, a pesar de las particularidades de cada uno, se podrían agrupar en dos grandes categorías: los *sistemas con signos fónicos* y los *sistemas con signos gráficos*.

Los signos fónicos incluyen letras, signos silábicos y signos-palabra (onomatopeyas). Cabe la posibilidad de que algunos de los sistemas en los que se emplean signos numéricos asociados a sonidos pertenezcan a esta categoría.[2]

Los signos gráficos incluyen figuras geométricas, líneas rectas y curvas, puntos, tablas y otros elementos parecidos.

Existen diferentes sistemas donde se emplean tanto signos fónicos como gráficos. Estos sistemas se denominan *sistemas híbridos* y, debido a que no rechazan ninguna forma de comunicar las ideas musicales, son los que ofrecen una mayor información.

Los primeros indicios

De los restos arqueológicos de las antiguas civilizaciones se pueden entrever los primeros vestigios de la necesidad de dejar una constancia de las técnicas e instrumentos que se usaban para la práctica musical; esta práctica era de carácter religioso y suponía un culto a los dioses o a las fuerzas de la naturaleza.

En la Antigua Mesopotamia,[3] se han encontrado documentos que datan del tercer milenio antes de Cristo en los que hay constancia de que el pueblo babilónico había elaborado una teoría musical y probablemente un sistema de notación para transmitirla.

Los pueblos mesopotámicos usaban una escritura cuneiforme que, compartiéndola con elementos ideográficos, escribían en unas tablas. Las primeras representaciones de los instrumentos sumerios se encuentran en una tablas del período de Uruk IV (aprox. 2800 a. C.). Estos signos, además de representar instrumentos, tienen la particularidad de representar los sonidos *balag* o *balang*, que seguramente estaban diferenciados en la cultura sumeria mediante el uso de dos tipos de arpa desiguales desde varios puntos de vista.

1. *Caracteres sumerios copiados de tablas de piedra pertenecientes al período de Uruk IV que representan arpas en forma de bote (una reproducción de este tipo de arpas, concretamente del período de Uruk I, 2600-2350 a. C., se encuentra en el British Museum de Londres).*

Los sistemas fónicos: letras del alfabeto, sílabas y palabras

Los *sistemas fónicos* son aquéllos que usan elementos de ortografía de la lengua hablada y los asocia a sonidos o a cualidades del sonido.

En la actualidad, en el ámbito anglo-germánico se usa el sistema de letras para la identificación de las notas, mientras que en el ámbito de influencia latina el sistema usado es el silábico.

En los *sistemas alfabéticos*, los sonidos que forman las escalas están asociados a las letras del alfabeto. Ya en la Antigua Grecia se usaba este sistema de notación: se escribían las letras del alfabeto encima del texto, y así se indicaba la altura de entonación de la nota dentro de la escala.[4] En el ejemplo 4 se puede observar este sistema de notación.

En los *sistemas silábicos*, los sonidos que forman las escalas están asociados a sílabas, cómo puede verse en los ejemplos de la escritura musical china que se encuentran en la página siguiente.

En los *sistemas de carácter onomatopéyico* (signo-palabra), usados principalmente por instrumentistas, la característica esencial es la asociación de los sonidos del instrumento a sílabas que suenan de un modo similar. Un ejemplo de este sistema lo encontramos en la India, donde el instrumentista de *tabla* memoriza las complejas fórmulas rítmicas mediante onomatopeyas, que imitan todas las sutilezas del sonido.

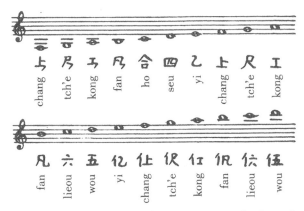

2. *Nombre de las notas en la escritura china y su correspondencia con la notación musical convencional contemporánea.*

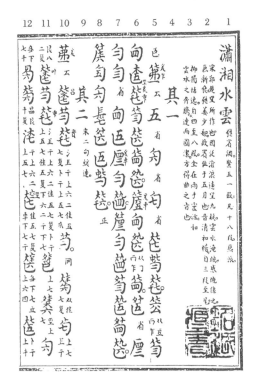

3. *Fragmento de la composición* Hsiao-hsiang sui-yüen *(Nube y agua de Hsiao-hsiang), donde las columnas 1-4 y la 9 contienen el título de la obra e información técnica, y las columnas 5 a 8 y 10 a 12 símbolos de notación musical silábica.*

4. Primer himno
délfico,
*en la notación
alfabética de la
cultura griega
antigua.*

La notación ecfonética

Es un sistema de notación propio de la música religiosa bizantina, derivado de un sistema acentual usado por los hebreos.

En la notación ecfonética se asocian diferentes signos a acentos, que dan información sobre la entonación de éstos.

5. Izquierda: fragmento de un texto donde pueden verse los signos de la notación ecfonética. A la derecha se puede observar la transcripción de este pasaje.

La quironomía

La *quironomía* es un proceso que permite indicar la línea melódica a partir de signos efectuados por las manos.

Es muy importante, especialmente en el campo de la enseñanza, ya que permite enseñar melodías con una ayuda visual.

6.1. *Relieve egipcio que representa a dos arpistas y un flautista interpretando música guiados por la técnica de la quironomía (2400 a. C. aprox.; de la tumba de Ra-em-remet, Ny Carlsberg Glyptothek, Copenhague).*

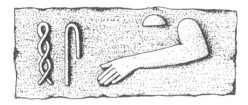

6.2. *Dibujo que representa un brazo y una mano como signos asociados con la música y los músicos en el Antiguo Egipto.*

La práctica de la quironomía ha experimentado diferentes fases en su evolución, que van desde una simple guía de movimientos en el aire hasta la plasmación de éstos en signos escritos. La evolución de estos signos, junto a la escritura ecfonética bizantina, tuvo como resultado la aparición de la escritura neumática.

La notación neumática

Es un sistema de notación visual que usa signos gráficos que representan el movimiento de altura en una melodía. Normalmente, está asociada a música vocal, en particular al canto llano en Occidente y al canto budista en Oriente (ejemplos 7, 8 y9).

7. *Partitura bizantina, en la que los signos ya están escritos en forma de neumas (encima del texto), dando indicaciones sobre el sentido de la melodía.*

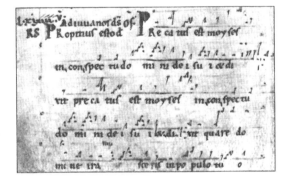

8. *Notación neumática occidental, perteneciente a un ritual del siglo XII de S. Giustina, Padua.*

Los sistemas de tablatura

La *tablatura* representa la música de manera gráfica, mostrando la posición de las notas sobre el instrumento. Es, seguramente, uno de los sistemas más antiguos y ya era usado en Mesopotamia, aunque fue durante el Renacimiento cuando adquirió una gran popularidad, sobre todo en la música para teclado y para instrumentos de cuerda pulsada, como el laúd, la vihuela, etc. (ejemplo 10).

El sistema moderno de notación. Un sistema híbrido

El *sistema moderno de notación* se constituyó en el siglo XVII a partir de la evolución del sistema de neumas gregoriano, como se podrá comprobar en el capítulo siguiente.

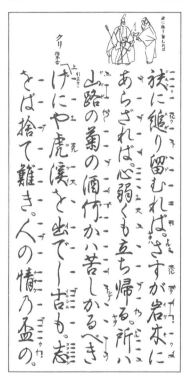

9. *Notación neumática oriental, perteneciente al drama japonés* Momiji gari. *Obsérvese que los signos utilizados en la música japonesa para describir las inflexiones vocales tienen rasgos comunes con las curvas melódicas de los neumas gregorianos. (Los signos musicales están a la derecha del texto.)*

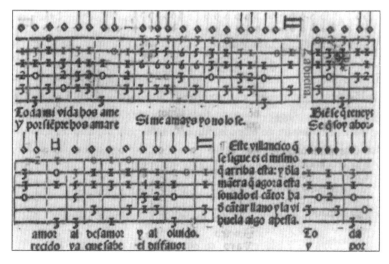

10. *Tablatura española para vihuela (fragmento de* El maestro, *de Luis de Millán, 1536).*

Este sistema es de carácter híbrido, ya que usa signos de tipo fónico (letras, sílabas, palabras y números) junto a elementos gráficos para complementar la información de algunos elementos del sonido que representa (ejemplo 11). A partir del siglo XX, muchos compositores han tenido la necesidad de integrar nuevos elementos de notación para poder expresar con exactitud sus ideas musicales, lo que ha tenido como resultado el uso de soportes y escrituras diferentes a los usados hasta el momento, como puede observarse en el ejemplo 12.

11. *Uso del sistema híbrido en la notación moderna. Puede observarse cómo la información viene dada por diferentes signos, desde letras, números y palabras hasta elementos gráficos (F. Chopin, Étude Op.: 10 n.º 5).*

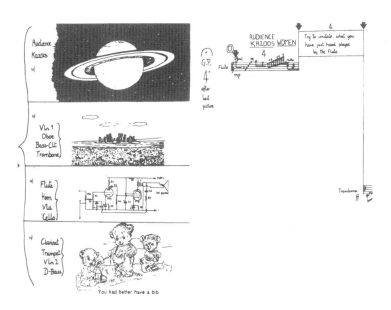

12. *Partitura de una composición aleatoria del siglo XX (D. Bedford,* With 100 Kazoos*).*

La evolución de la notación occidental. Un camino hacia la concreción en la comunicación de las ideas musicales

Orígenes en la Grecia clásica

Nuestra notación musical tiene su origen en la Antigua Grecia. Los teóricos griegos entendían el fenómeno musical básicamente desde el punto de vista matemático y acústico, y nos han dejado pocas indicaciones de cómo funcionaba su música. Sabían ver las diferentes alturas del sonido y medir las distancias entre ellas, lo que les llevó a formular un sistema de organización teórica basado en la experiencia práctica de la música.

El tratado musical griego más antiguo es la *Harmonica*, de Aristógenes (siglo III a. C.), donde presenta un sistema melódico muy desarrollado. En su teoría, los sonidos están agrupados por series de cuatro notas llamadas *tetracordios*.

Cada tetracordio (también llamado *tetracordo*) abarcaba un intervalo de cuarta de dos tonos y medio entre la nota más aguda y la más grave (véase el capítulo sobre los intervalos); estas dos eran de entonación fija, mientras que las dos notas intermedias eran de entonación variable. El tetracordio recibía un nombre en función de las distancias que había entre las cuatro notas descendentes que lo formaban.

Así encontramos:

- *Tetracordio diatónico*, donde las notas estaban separadas entre sí por las distancias de tono-tono-semitono[5] (ej. 13a).
- *Tetracordio cromático*, con separaciones de un tono y medio-semitono-semitono (ej. 13b).
- *Tetracordio enarmónico*, con separaciones de dos tonos-cuarto de tono-cuarto de tono[6] (ej. 13c).

13. *Tetracordios del sistema griego antiguo.*

Estos tetracordios se combinaban y encadenaban para formar las diferentes escalas y se usaban las letras del alfabeto para designar los grados de las mismas.

Guido d'Arezzo. La creación de la escala de referencia

En la Edad Media se empezó a usar una escala cuya primera nota era la_1 (véase Apéndice), tenía un ámbito de dos octavas, y la nota si podía ser natural o bemol (véase «Las alteraciones de las notas», pág. 66).

Posteriormente fue ampliada por Guido d'Arezzo (h. 991/992-alguna fecha posterior al año 1033) hasta 21 grados. En su libro *Micrologus* (1026-1032), destinado a cantantes, integra cinco grados en la parte superior (aguda) y un grado en la parte inferior (grave), ampliación ya preconizada en el tratado del siglo X *Dialogus* (atribuido a Abbot Odo, aunque probablemente fue escrito por un anónimo lombardo). Esta escala fue denominada *scala generalis* (ejemplo 14).

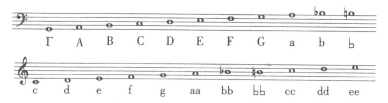

14. *Guido d'Arezzo, scala generalis.*

Vestigios de estos orígenes perduran aún hoy, como:

- Las *b* de forma redondeada y cuadrada, que derivaron hacia el bemol y el becuadro, respectivamente
- La palabra *gama* para designar una escala derivada de la nota grave suplementaria sol_1, que se representaba con la tercera letra del alfabeto griego Γ *(gamma)*, como puede verse en el ejemplo 14.
- El empleo de la letra A (la) como primera nota, tanto en la terminología anglosajona y germana como en la antigua escala griega.

Para ayudar a memorizar esta escala, Guido d'Arezzo imaginó un sistema quironómico en el cual las diferentes notas de la *scala genera-*

lis se representaban sobre la mano izquierda; señalando las posiciones en ella, el profesor podía indicar las notas, como se puede observar en el ejemplo 15. Esto es conocido como *la mano de Guido* y es una adaptación de un sistema empleado por primera vez por los egipcios.

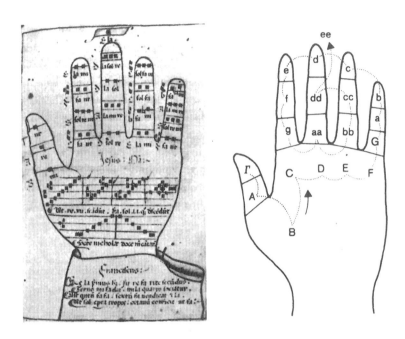

15. *Reproducción y diagrama de la mano de Guido.*

A pesar de todo, lo que representaba un avance en el campo de la teoría no se adaptaba a la práctica del aprendizaje de la música, y eso llevó a Guido d'Arezzo en el siglo XI a imaginar un sistema basado en la concepción hucbaldiana[7] del hexacordo (escala de seis sonidos), y que estaba destinado a lo que él llamaba *solmizar*; consistía, a grandes rasgos, en el cambio de nombre de las notas de una melodía para así facilitar su entonación.

El hexacordo de Guido de Arezzo estaba, al igual que el hucbaldiano, constituido por seis grados separados de manera simétrica con la siguiente relación: tono-tono-semitono-tono-tono.

La diferencia estribaba en que en el sistema de Hucbald la melodía misma podía usarse como notación (eran las sílabas del texto las que estaban escritas, según la entonación que tenían, a diferente altura), mientras que en el sistema que ha evolucionado hasta nuestros días, son los signos adicionales al texto los que se colocan a diferente altura.

El primero usaba seis líneas paralelas, que correspondían a las cuerdas de la cítara, y unas letras al margen que señalaban el intervalo entre ellas (que coincide con el hexacordo: tono-tono-semitono-tono-tono). Cada sílaba del texto se escribía encima de una u otra línea en función de su altura, como se puede ver en el ejemplo 16.

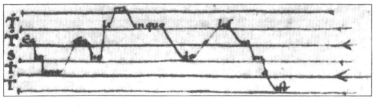

Transcripción

Ec - ce   ve - re   Is - ra - he - li - ta,   in   quo   do - lus   non   est.

16. *Notación de las alturas de un texto en el sistema de Hucbald y su transcripción en notación actual (obsérvese que en la transcripción no están anotadas las duraciones, ya que este sistema sólo atendía a las alturas de los sonidos).*

Este sistema, aunque desempeñaba un papel relevante, no era el sistema de notación general.

Guido ideó un sistema nemotécnico para recordar la entonación exacta de las notas del hexacordo basado en el himno a san Juan Bautista *Ut quaeant laxis*, donde las primeras sílabas de cada hemistiquio daban nombre a las notas del hexacordo: ut-re-mi-fa-sol-la (ejemplo 17). Podemos observar que falta la nota si, introducida por Bartolomé Ramos de Pareja en 1482 y cuyo nombre viene de las iniciales de *Sancte Ioannes*. En la época de Guido, este sonido acarreaba dificultades, ya que era un grado móvil y presentaba dos formas según la dirección de la melodía: ♮ si ascendía y ♭ si descendía.

El sistema de solfeo no fue de siete notas hasta el siglo XVII, y fue en esta época cuando se cambió el ut por el do. Este paso suele atribuirse al italiano Batista Doni (1595-1647), que habría utilizado para el cambio las dos primeras letras de su apellido. Las notas derivadas del *Ut quaeant laxis* fijaban con precisión la posición del semitono mi-fa en el centro del hexacordo, y para que quedara siempre el semitono fijado en el centro, Guido d'Arezzo concebía tres posiciones: el *hexacordum naturale*, do-re-mi-fa-sol-la; el *hexacordum durum*, sol-la-si♮-do-re-mi, y el *hexacordum molle*, fa-sol-la-si♭-do-re. Obsérvese que en cada una de las tres formas hexacordales, el semitono se encuentra fijado en el centro (ejemplo 18).

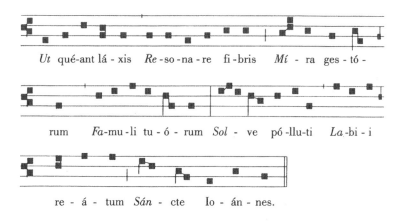

Ut qué-ant lá - xis   Re -so -na - re   fi -bris   Mí - ra ges - tó -

rum   Fa-mu -li tu - ó - rum   Sol - ve   pó -llu-ti   La -bi - i

re - á - tum   Sán - cte   Io - án - nes.

Ut qué-ant lá - xis R e-so-na-re fi-bris   Mí - ra ge-stó - rum F a-mu-li tu-o - rum,

Sol - ve   pol -lu - ti   L a -bi - i re - a - tum,   San - cte   Io -an-nes.

Para que tus siervos puedan cantar libremente las maravillas de tus actos, elimina toda mancha de culpa de sus sucios labios, oh, san Juan.

17. *Himno a san Juan Bautista (arriba) y su transcripción y traducción (abajo).*

Música recta y ficta. Teoría versus práctica

Las veintiuna notas de la *escala generalis* constituyen lo que se llama música *recta* y son las únicas notas que eran usadas por la teoría medieval. En la práctica, ya sea por motivos ornamentales (por ejemplo,

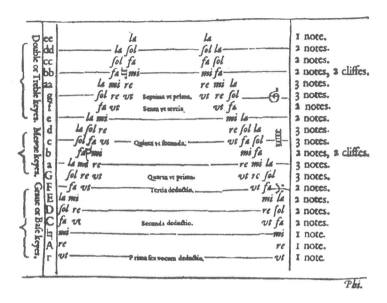

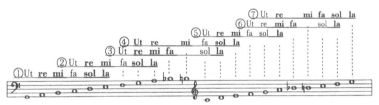

18. *El sistema hexacordal de Guido d'Arezzo (arriba) y su transcripción en notación moderna.*

la bordadura de una nota) o por nuevas transposiciones de los hexacordos, provocaron la aparición de sonidos cromáticos en el sistema diatónico.

Estas alteraciones eran realizadas, pero no anotadas en las partituras, y es lo que se ha dado en llamar *música ficta* (música falsa, notas ficticias).

Neumas. La cuna de la notación actual

Los *neumas* (del griego πνεῦμα, «señal, gesto») fueron la primera manifestación de la notación gráfica actual; consisten en unos signos que se escribian encima del texto y que informaban al cantor de algunas cualidades de la entonación de la melodía. Sus orígenes se remontan a la quironomía y a los signos de la prosodia griega.

En función de la época y del lugar se formaron diferentes escuelas, y cada una de ellas tenía sus trazos particulares. Los neumas no designan alturas de tono, sino solamente direcciones de la melodía. Los ocho neumas fundamentales del canto gregoriano son los siguientes:

- *Punctum* (punto): Proviene del antiguo acento *gravis* e indica un movimiento descendente o mantenerse en el grave.
- *Virga* (barra): Proviene del antiguo acento *acutus* e indica un movimiento ascendente o mantenerse en el agudo.
- *Podatus o pes* (pie): Indica un movimiento grave-agudo, es decir, la combinación de *punctum* y *virga*.
- *Clivis o flexa* (inclinación): Proviene del antiguo acento circunflejo e indica un movimiento agudo-grave.
- *Torculus*: Indica tres notas baja-alta-baja.
- *Porrectus*: Indica tres notas alta-baja-alta.
- *Scandicus* : Indican tres notas ascendentes.
- *Climacus*: Indica tres notas descendentes.

	punctum	virga	Podatus/pes	clivis	torculus	porrectus	escandicus	climacus
notación cuadrada								
S. Gall								
alemana antigua								
inglesa								
francesa								
bretona								
lorraine								
aquitana								
catalana								
visigótica								
benevento								
italiana central/norte								

19. *Los ocho neumas fundamentales en distintas formas de notación.*

Se pueden enlazar dos signos individuales, entonces reciben el nombre de *ligadura*, y cuando se combinan entre sí se llama *conjunctuare*. No hay diferencia de ejecución entre las dos.

También se pueden ampliar los signos mediante los neumas compuestos por cuatro o más notas (que serán ejecutadas siempre sobre una misma sílaba), e incluir elementos de acentuación y ornamentación.

Los primeros neumas se escribían por encima del texto sin tener en cuenta las alturas relativas *(adiastemáticos)*, pero a partir del siglo X, los neumas se situaron altos o bajos (más tarde se adoptaría este sistema para designar las notas). La nota alta se llamaba *acutus* y la baja *gravis*. Estos neumas fueron llamados *diastemáticos*, palabra que proviene del griego *(διάστημα)*, cuyo significado es «intervalo».

El pentagrama embrionario y las claves

En el siglo X apareció una transformación de vital importancia para la notación futura: se añadió una línea (de color rojo) a los neumas diastemáticos. Al principio esta línea sólo sirvió para concretar más la relación de alturas entre los neumas, pero no tenía ninguna altura determinada.

Con la adopción gradual de este soporte (monograma), los neumas se convirtieron en un medio cada vez más adecuado para anotar la altura de los sonidos.[8]

El primer paso consistió en atribuir a la línea roja una altura concreta, y se indicó mediante la letra F, que simbolizaba la nota fa_2. Las notas conjuntas a la que estaba sobre la línea (fa_2) se deducían fácilmente y con exactitud, mientras que para las demás existía aún un notable margen de apreciación. Se escogió esta nota porque la que está inmediatamente debajo de ella se encuentra a un semitono de distancia.

Una vez encontrado un mecanismo que permitía concretar la altura de una nota en un soporte, sólo era una cuestión de tiempo la ampliación de dicho soporte.

La segunda línea que fue trazada era de color amarillo y llevaba la letra C, simbolizando la nota do_3. En el tetracordio, la nota do_3 también tenía por debajo de ella una nota a la distancia de un semitono.

Otro paso importante fue la decisión de utilizar las líneas y los espacios a la vez, en lugar de usar únicamente las líneas o los espacios, lo que supuso la aparición de una tercera línea de color negro entre las dos existentes, para indicar la nota la_2.

Posteriormente, Guido d'Arezzo introdujo una cuarta línea, que podía ser tanto superior como inferior, y que constituyó el soporte que se impuso durante todo el gregoriano. Una letra del alfabeto, generalmente la C o la F, precisó desde entonces el sentido de una de las cuatro líneas, dando origen a las *claves*. Las claves modernas guardan una relación con las antiguas letras que se usaban en el tetragrama gregoriano. De hecho son la transformación con el paso del tiempo de la grafía de estas letras. Así:

* La letra C se transformó en la *clave de do*( ).
* La letra F se transformó en la *clave de fa* ( ).
* La letra G se transformó en la clave de sol ( ).

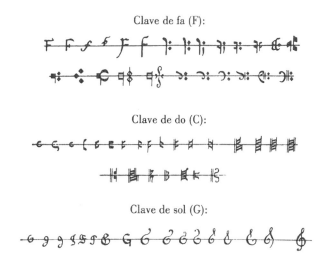

Clave de fa (F):

Clave de do (C):

Clave de sol (G):

20. *Evolución en la grafía de las claves de fa, do y sol.*

La notación de las primeras polifonías. Soluciones para interpretar melodías simultáneas

El problema que se planteó con la aparición de la polifonía era encontrar la manera de anotar las melodías superpuestas con un mismo soporte. A este problema se le encontraron dos soluciones.

La primera solución para anotar la polifonía la encontramos en el tratado *Musica enchiriadis*[9] (siglo IX): las sílabas del texto cantado se superponían en un soporte con varias líneas y colocadas a diferente altura. Las alturas de las notas se deducen de las letras puestas a la izquierda del soporte. Cada una de estas letras marca una posición en el tetracordio; el tipo de tetracordio viene indicado por la forma en que se escribe.

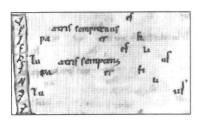

tu pa-tris sem-pi-ter-nus es fi - li -us

21. *Notación polifónica del siglo IX. Ejemplo de organum del tratado* Musica enchiriadis *y su transcripción.*

Esta solución fue abandonada en favor de la notación neumática (la segunda solución) con dos soportes, más simple y con mayores posibilidades.

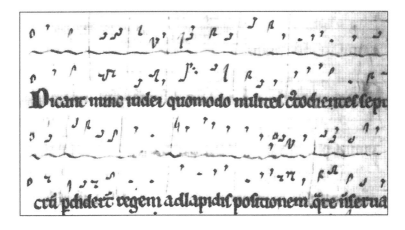

22. *Notación neumática polifónica del siglo XII.*

La notación cuadrada.
Un primer paso hacia la unificación de las grafías

La notación cuadrada se empezó a desarrollar en el siglo XII a partir de los neumas del norte de Francia y los de Aquitania, se convirtió en la notación típica gregoriana y estaba asociada al tetragrama. En el ejemplo 23 puede observarse diferentes tipos de neumas en la notación cuadrada:

- Los ascendentes: *podatus, scandicus* y *salicus.*
- Los descendentes: *clivis* y *climacus.*
- Los que cambian de dirección: *torculus* y *porrectus.*

Neumas de una sola nota	Neumas de dos notas	Neumas de tres notas				
Punctum Virga	Pes/Podatus Clivis	Scandicus	Salicus	Climacus	Torculus	Porrectus

23. *Principales neumas de la notación cuadrada y su transcripción.*

También existen neumas especiales que son mayores de tres notas. Estas notas prolongadas se pueden considerar adicionales al neuma fundamental. Existen, además, neumas especiales con diferentes funciones:

- En los diftongos de los textos aparecen los *neumas licuescentes: epiphonus* y *cephalicus.*
- Neumas repetidos formando una sola nota: *distopha, tristopha, oriscus* y *pressus 1* y *2.*
- Neuma ornamental: *quilisma.*

Neumas especiales

Epiphonus	Cephalicus	Distopha	Tristopha	Oriscus	Pressus 1	Pressus 2	Quilisma

24. *Neumas especiales de la notación cuadrada y su transcripción.*

A partir de ese momento (cuando el hecho de anotar la música en un soporte escrito se generalizó) fue adquiriendo importancia el material físico de esta notación.

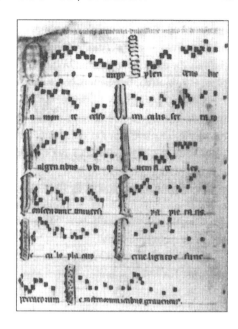

25. *Ejemplo de escritura*
neumática cuadrada
(del Llibre Vermell
de Montserrat, *siglo XV).*

La pluma, al igual que más tarde el uso generalizado de la imprenta, influyó profundamente en la evolución de la notación; según cómo fueran talladas y usadas ofrecían trazos diferentes,[10] y generaron dos tipos de grafía: la latina y la gótica (con diferentes usos en la forma de escribir).

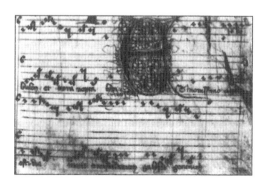

26. *Neumas góticos*
pertenecientes
a un gradual
de Trier de 1435.

El problema de la notación del ritmo

Hasta entonces, la notación neumática y el tetragrama eran suficientes para anotar el canto llano *(cantus planus)*, ya que la duración de las notas era más o menos libre y estaba compuesta por notas largas y notas breves y por acentuaciones.[11] Pero todo esto no ocurría en un tiempo de carácter cuantitativo, sino que lo hacía en el terreno del tiempo subjetivo, fundamentándose en la prosodia latina.

Con la aparición y la evolución de la polifonía se hizo necesaria (para la interpretación de dos o más melodías distintas en el mismo momento) la organización del ritmo, así como el control de los intervalos y de las consonancias y las disonancias.

La escuela de Notre Dame reemplazó el flujo uniforme por patrones recurrentes de notas largas y cortas, donde una nota larga duraba el doble que una corta. Al conjunto de estos patrones se los llamó *modos rítmicos* y se denominaban, por analogía, igual que los pies métricos de la poesía clásica.

La base de los modos rítmicos era una unidad de medida ternaria[12] que los teóricos lamaban *perfectio*.

Modo	Pie		Equivalencia musical
1	Troqueo: larga-breve	— ‿	♩ ♪
2	Yambo: breve-larga	‿ —	♪ ♩
3	Dáctilo: larga-breve-breve	— ‿ ‿	♩. ♪ ♩
4	Anapesto: breve-breve-larga	‿ ‿ —	♪ ♩ ♩.
5	Espondeo: larga-larga	— —	♩. ♩.
6	Tibraquio: breve-breve-breve	‿ ‿ ‿	♫♪

27. *Los seis modos rítmicos y su equivalencia musical.*

La duración de los sonidos no se deducía de las notas individuales, pero ingeniaron un sistema que proporcionaba la información suficiente para determinar el modo en que se encontraba la música.

Este sistema consistía en agrupar los melismas en patrones determinados *(ligaduras)* y asociar cada uno de éstos a un modo rítmico particular. Cada modo rítmico estaba constituido por patrones o células de base, también llamadas *pies*, que, mediante su repetición, creaban unidades musicales más extensas a las que se denominó *ordines (ordo* en singular), los cuales acababan siempre con un silencio (ejemplo 28). Así, se podría definir *ordo* como el número de veces que un patrón se repite dentro de un modo rítmico antes de un silencio, indicado por una pe-

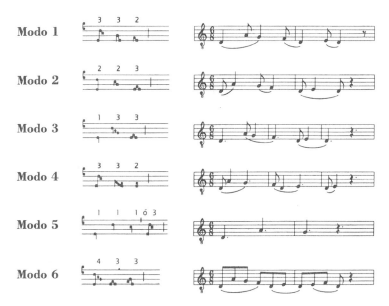

28. *Patrones de ligaduras de los modos rítmicos y su transcripción.*

queña raya vertical, como puede observarse en el ejemplo 30 (véase, además, el ejemplo 33, en el que se ve la notación de los silencios).

Los teóricos clasificaron los *ordines* según el número de patrones completos que contenían y la posición del silencio final: *primer ordo*, cuando tenía una exposición completa de un patrón rítmico; *segundo ordo*, cuando tenía dos exposiciones completas de un patrón rítmico, y *tercer ordo*, si tenía tres exposiciones completas del patrón rítmico (ejemplo 29).

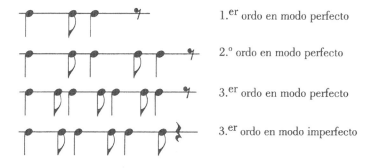

29. *Diferentes ordines del primer modo rítmico en modo perfecto y modo imperfecto.*

30. *Ejemplo de escritura con ordines (Gradual* Adjutor in opportunitatibus*).*

En cuanto a la posición del silencio final, un *ordo* era perfecto *(modus perfectus)* si concluía con una exposición incompleta del patrón (con un silencio que reemplazaba la parte que faltaba del patrón); y era imperfecto *(modus imperfectus)* cuando acababa con un patrón rítmico completo (la primera parte del siguiente patrón era reemplazada por un silencio).

El uso continuado e invariable de un mismo patrón rítmico podía provocar una cierta monotonía, por lo que los compositores intentaron conseguir variedad en sus obras cambiando de modo en las diferentes secciones.

También evitaban la monotonía modificando sucesivamente los patrones de un único modo rítmico, empleando dos procedimientos distintos para conseguirlo.

El primero consistía en modificar el valor de las notas de un patrón modal. Para tal modificación se usaban dos procedimientos:

- El *fractio modi* (fracción del modo), que subdividia las notas de un patrón modal en valores más pequeños.
- El *extensio modi* (extensión del modo), que combinaba las notas de un patrón modal para conseguir valores mayores.

El segundo consistía en el uso de diferentes tipos de notas ornamentales. Las más importantes eran:

- La *plica*, cuyo signo no es más que una raya hacia arriba o hacia abajo añadida a las notas sueltas o a la última nota de una ligadura. Indicaba la adición de una nota ornamental encima o debajo de la nota que estaba unida a la *plica*. Su altura y valor rítmico se determinaban en relación al contexto, pero generalmente funcionaban como *bordaduras* (notas de floreo) o cómo notas de paso.

• La *conjuntura*, una serie de notas descendentes de forma romboidal unidas a una nota simple o a la última nota de una ligadura. Eran notas rápidas que suponían divisiones y subdivisiones de notas más largas. Al no ser todas del mismo valor, seguían un principio fundamental, que consistía en la intervención de los valores más breves en primer lugar y a continuación, en orden creciente, los más largos.

El sistema y la notación mensurales

Poco a poco se hizo necesaria una notación en la que se pudiera indicar valores rítmicos específicos mediante el uso de notas con diferentes figuras. Fue Franco de Colonia quien hacia 1260, en su tratado *Ars cantus mensurabilis* (*El arte del canto mensural*), construyó un sistema en el que el valor de cada nota pudiera ser expresado con un signo gráfico particular. Aunque el sistema no ganó aceptación inmediata, su utilidad era tan manifiesta que no solo se asentó, sino que proporcionó el punto de partida de la evolución de la notación occidental, y aún perdura hoy en día.

Las diferentes duraciones del sistema correspondían a cuatro figuras para las notas individuales: la máxima o duplex longa ▬▬▐, la longa ▐, la breve ■ y la semibreve ◆, y estaban basadas en el principio de agrupamiento ternario.[13] La unidad básica de tiempo, el *tempus* (*tempora* en prural) era la breve, pero cuando una breve ocupaba dos *tempora*, se la llamaba *breve altera* (alterada). La semibreve era *minor* (menor) si equivalía a 1/3 de un tempus, y si equivalía a 2/3 de un tempus era *major* (mayor). La longa era *perfecta* si su valor equivalía a tres tempora, e imperfecta si equivalía a dos tempora. Una *duplex longa,* como su nombre indica, siempre tenía el valor de dos longas (ejemplo 31).

En otro orden de apreciación, se pensó en el aspecto del agrupamiento de notas en unidades superiores. En este sentido se dio el nombre de *perfección* al conjunto de tres tempora, el equivalente al moderno compás de tres tiempos.

Las contribuciones de Franco de Colonia al desarrollo de la notación precisa no se limitaron sólo a las figuras simples, también marcó los signos que indicaban los valores exactos de los silencios que estaban relacionados con las figuras simples.

Nombre	Figura	Valor (en tempora)	Eq. moderna
Longa duplex		6	𝅝·
Longa perfecta		3	𝅗𝅥·
Longa imperfecta		2	𝅗𝅥
Breve		1	𝅘𝅥
Breve altera		2	𝅗𝅥
Semibreve: major	◆	2/3	𝅘𝅥 (3)
minor	◆	1/3	𝅘𝅥𝅮 (3)

31. *Figuras rítmicas simples de la notación franconiana.*

32. *Ejemplos de figuras de silencio en la notación franconiana.*

Los silencios estaban indicados por unas barras verticales más o menos largas, como se puede observar en los ejemplos 32 y 33.

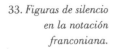

33. *Figuras de silencio en la notación franconiana.*

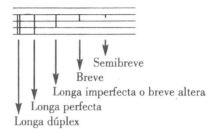

Semibreve
Breve
Longa imperfecta o breve altera
Longa perfecta
Longa dúplex

La cuestión de las ligaduras era más compleja, pero partiendo de las formas de base de las ligaduras de dos notas del canto llano (▆ y ▋), en la notación franconiana se buscó su clarificación mediante un elaborado sistema. Algunas de las nociones de base que fundamentaron el sistema de ligaduras franconianas son las siguientes:

• Una nota simple se llama *simplex*.
• Una ligadura recibe su nombre según el número de notas que la forman: binaria, ternaria, cuaternaria y quinaria.

Comienzo de la ligadura	Final de la ligadura	CLIVIS	PODATUS	
Propiedad	Perfección	Figura	Figura	
oum (con)	*cum* (con)	♫	♩	BL
cum (con)	*sine* (sin)	▬	♪	BB
sine (sin)	*cum* (con)	♩	♩	LL
sine (sin)	*sine* (sin)	▬	♪	LB
cum opposita propietate (con propiedad opuesta)		◣	♪	SbSb

34. *Formas y valores de las ligaduras de dos notas (B=breve; L=longa; Sb=semibreve).*

- El término *propieta* (propiedad) hacía referencia al comienzo de una ligadura, así, cuando empezaba con una breve se llamaba *cum propieta* (con propiedad), y en los demás casos *sine propieta* (sin propiedad).
- Al referirse al final de una ligadura, se usaba el término *perfectione* (perfección): cuando acababa con una *longa* se llamaba *cum perfectione* (con perfección), y en los demás casos *sine perfectione* (sin perfección).
- Se llamaba *cum oposita propietate* (con propiedad opuesta) cuando la ligadura empezaba con dos semibreves.

Escritura en partes separadas. El motete

Antes de proseguir, es necesario hacer un pequeño paréntesis para hablar de la diversa denominación que tenían las diferentes voces dentro de la polifonía de la época.

En los primeros *organa*, la voz deriva del canto llano y se llamaba *vox principalis* (voz principal), y la voz improvisada se llamaba *vox organalis*.

Debido a la variedad y al interés de ésta última, la situación se invirtió rápidamente y adoptó una denominación diferente. La voz fija se llamaba *tenor*, y la voz improvisada *duplum*. Cuando el número de voces de un organum era mayor, las voces añadidas (tercera y cuarta) se llamaban respectivamente *triplum* y *quadruplum*.

Otro cambio importante fue nominal: el *duplum* desde entonces pasó a llamarse *motete*, y dio origen a la forma musical del mismo nombre.

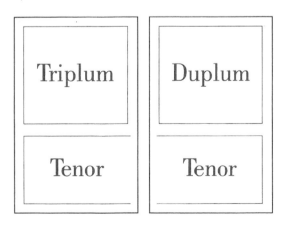

35. *Notación*
especial
de un motete.

Ars Nova. Innovaciones en la división de los valores y la necesidad del compás

En el siglo XIV tanto Guillaume de Machaut (1300-1377) como Francesco Landini (1330-1397) abandonaron los modos rítmicos y experimentaron diferentes maneras de dividir los valores de las notas. Por primera vez las divisiones binarias estaban en el mismo plano que las ternarias, y se introdujeron dos nuevas notas para indicar valores más pequeños que el de la semibreve.

Estas dos nuevas notas eran: la *mínima* ♩, con un valor igual a la mitad o a la tercera parte de una semibreve, y la *semimínima*, con un valor igual a la mitad de una mínima.

Se planteó entonces el problema de la manera de indicar si un pasaje era binario o ternario. La solución a este problema se hizo a través de la utilización del color rojo para indicar que las notas estaban en una división perfecta (ternaria).

Poco a poco se pensó en utilizar unos signos dedicados a precisar las diferentes maneras de dividir los valores de las notas, y se hizo ampliando los principios franconianos.

Tanto la longa como la breve y la semibreve, podían dividirse en dos o tres notas del valor más pequeño consecutivo a cada una de ellas. El primer paso fue dotar a cada división de un nombre. Así, la división de la longa recibió el nombre de *modus* (modo), la de la breve *tempus* (tiempo) y la de la semibreve *prolatio* (prolación). Además, cuando la división era ternaria se llamaba *perfecta* o *mayor*, y si era binaria se denominaba *imperfecta* o *menor*.

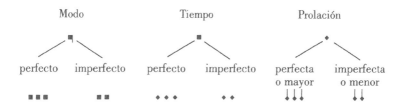

36 a. *Estructura del sistema de notas.*

Finalmente, se elaboraron unos signos simples que tuvieran tanto la información del tiempo como la de la prolación. Un círculo indicaba que el tiempo era perfecto (ternario) y un semicírculo que el tiempo era imperfecto (binario). Con un punto dentro del círculo o del semicírculo, indicaba que la prolación era mayor y, por lo tanto, cada tiempo se dividia en tres partes, mientras que la ausencia del puntillo indicaba una prolación menor, con lo que cada tiempo se dividía en dos partes. En la época del Ars Nova, aún no se había instaurado un sistema único de notación musical, con lo que convivían el sistema francés y el italiano.

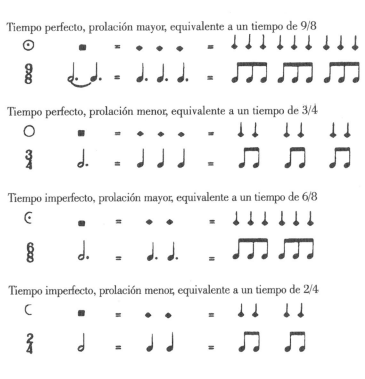

Tiempo perfecto, prolación mayor, equivalente a un tiempo de 9/8

Tiempo perfecto, prolación menor, equivalente a un tiempo de 3/4

Tiempo imperfecto, prolación mayor, equivalente a un tiempo de 6/8

Tiempo imperfecto, prolación menor, equivalente a un tiempo de 2/4

36 b. *Las cuatro combinaciones de tiempo y su transcripción actual.*

Obsérvese en el ejemplo 37 la manera italiana y francesa de leer los grupos de semibreves, según un texto de Marchettus de Padua.

A finales del siglo XIV, apareció una de las evoluciones musicales más extrañas de toda la historia, caracterizada por una particular complejidad rítmica y notacional; se conocía con el nombre de *notación amanerada*.[14] En el ejemplo 38 puede observarse la complejidad rítmica en una obra de Baude Cordier, y en el 39, también en una obra del mismo compositor, puede observarse la particular notación de un motete.

Al ver estos ejemplos, uno no puede dejar de maravillarse ante la similitud existente entre estas partituras y muchas del siglo XX.

37. *Interpretación a la italiana y a la francesa de las semibreves, según Marchettus de Padua.*

38. *Beaude Cordier,* Amans, ames secretement. *Obsérvese la gran complejidad rítmica existente en estos primeros compases de la obra.*

39. *Beaude Cordier,*
Belle, bone, sage (rondeau).
*La forma de la notación
es un juego de palabras
hecho con el nombre
del compositor (en latín
la palabra* cor *quiere
decir «corazón»).*

El nacimiento de la música impresa.
Un camino imparable hacia la modernidad

La evolución de la música sufrió una gran explosión con el nacimiento de la impresión musical. El primer editor de música fue Ottavio Petrucci (1466-1539), que en 1501 publicó *Harmonice musices Odhedeon* (antología de 96 arreglos polifónicos de canciones). Su importancia radica en el paso hacia la unificación de la escritura musical, ya que los caracteres utilizados para la impresión tenían que ser comunes a todos los compositores que querían editar sus obras. Desde este momento la aparición de grandes editores supuso el nacimiento de la notación cómo la conocemos hoy día.

Además, en el siglo XV, se dio otro paso importante para la notación musical, la llamada *notación blanca*. Ésta consistía en no colorear de negro todas las figuras de las notas (ejemplo 40), con lo que algunas quedaban vacías, y por contraposición a aquellas se las llamó *notas blancas* (ejemplo 41).

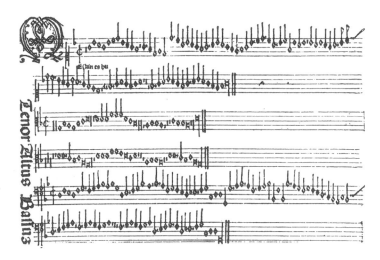

40. *La notación blanca impresa. «Meskin es hu», canción a cuatro voces perteneciente a* Harmonice musices Odhedeon, *publicada por Petrucci en 1501.*

Otro sistema que apareció fue el sistema de proporciones en el cual, mediante una o dos notaciones melódicas, se podían realizar varias interpretaciones rítmicas según la indicación de las proporciones que estaba justo después de la clave (ejemplo 42).

Maxima	Longa	Breve	Semibreve	Mínima

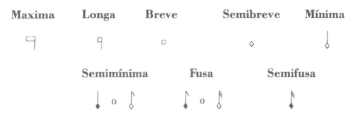

Semimínima	Fusa	Semifusa

41. *Figuras de duración usadas en el Renacimiento (notación blanca).*

42. *Ejemplo de notación en el sistema proporcional en su notación original y la transcripción moderna («Kyrie II» de la* Misa prolationum, *de Ockeghem).*

Todos estos sistemas aparecidos fueron la cuna de la notación moderna, la cual quedaría plenamente consolidada a partir del siglo XVII. A partir de este momento, la internacionalidad de la notación musical occidental ha sido un hecho de vital importancia para el desarrollo de la música, pero a partir del siglo XX, han aparecido nuevos (¡o viejos!) símbolos que de manera particular (aunque muchos de ellos se adoptan de manera general) usan los diferentes compositores para expresar sus ideas musicales.

Conceptos básicos

Las figuras de sonido y de silencio. Su duración y representación gráfica

Las figuras de duración de sonido

Para determinar la duración del sonido se usan unos signos a los que se denomina *figuras de duración*. En la práctica común se usan siete figuras, representadas en el siguiente ejemplo.

Redonda Blanca Negra Corchea Semicorchea Fusa Semifusa

43. *Las siete figuras de duración ordenadas de mayor a menor.*

Si queremos concretar cual es la duración relativa de las figuras entre sí, tenemos que partir de dos convenciones teóricas.

La primera consiste en determinar la relación entre los valores de las figuras: cada una de ellas tiene el doble de valor (de duración) que la siguiente (en el orden del ejemplo 43) o la mitad de valor que la anterior.

La segunda, es asignar a la primera de las figuras (la redonda) el valor 1, del cual se desprenden por mitades todas las demás (ejemplo 44).

o	𝅝	𝅗𝅥	♪	♪	♪	♪
1	1/2	1/4	1/8	1/16	1/32	1/64

44. Las siete figuras y su escala de valor.

	o	𝅝	𝅗𝅥	♪	♪	♪	♪
1 o =	1	2	4	8	16	32	64
1 𝅝 =	1/2	1	2	4	8	16	32
1 𝅗𝅥 =	1/4	1/2	1	2	4	8	16
1 ♪ =	1/8	1/4	1/2	1	2	4	8
1 ♪ =	1/16	1/8	1/4	1/2	1	2	4
1 ♪ =	1/32	1/16	1/8	1/4	1/2	1	2
1 ♪ =	1/64	1/32	1/16	1/8	1/4	1/2	1

45. Equivalencias naturales de las figuras.

Plicas, corchetes y barras

La escritura musical nos ha mostrado que el uso normal de las plicas de las figuras es ascendente para las notas colocadas por debajo de la línea media del pentagrama y descendente para las colocadas por encima de dicha línea. Tanto la plica ascendente cómo la descendente serán de uso normal en las notas colocadas en la misma línea central del pentagrama, a la cual llamaremos a partir de ahora *tercera línea* (ejemplo 46).

Asimismo, los corchetes de las corcheas y figuras inferiores deben estar siempre a la derecha de la plica y en dirección hacia la nota (o

lo que es lo mismo, en dirección contraria a la plica). Si la plica es ascendente, el corchete será descendente ♪ y viceversa ♪ (ejemplo 49).

46. *Dirección de las plicas en una partitura de carácter monódico en cada pentagrama (W. A. Mozart, Menuet para teclado, K. 1, escrito en 1761, cuando Mozart
tenía cinco años).*

Esta regla deja de tener validez cuando en un mismo pentagrama
existen diferentes voces, es decir, diferentes melodías independientes
(escritura polifónica).

Cuando esto ocurre, cada voz tendrá todas las plicas en la misma dirección, para así facilitar la lectura de las voces, su análisis y su interpretación, como se puede ver en el ejemplo 47. Para las figuras con corchetes, cada uno de éstos puede ser sustituido por una barra que una las
figuras entre sí. En aquellos casos en que debido a la colocación de las
notas en el pentagrama, las plicas tengan que ir en direcciones opuestas,
el grupo toma la dirección de la nota extrema (ejemplos 46 y 48).

47. *Dirección de las plicas en una partitura polifónica para teclado (J. S. Bach,
Fuga n.º 7, BWV 876, de* El clave bien temperado II).

48. *Grafía de las barras.*

La música vocal presenta una peculiaridad. Cuando es silábica (una nota para cada sílaba), el uso normal es que se escriban las figuras sin barra que las una, y cuando es melismática (varias notas para cada sílaba), las barras unifican las notas que prolongan una sola sílaba. Una sola melodía escrita para voz puede contener tanto elementos silábicos como melismáticos.

49. *En la voz, las notas destacadas son de tipo melismático, mientras que las demás son de tipo silábico (F. Schubert, Der Müller un der Bach de Die schöne Müllerin, Op. 25).*

A veces se usan barrados especiales, sobre todo en música para teclado, con el objeto de clarificar las ideas musicales y así poder mejorar su interpretación, como se puede ver en el ejemplo 50.

50. *Uso de tres pentagramas y de barrados especiales en la escritura para piano (C. Debussy,* Preludes, *libro 2 n.º 12, «Feux d'artifice»).*

Otras figuras de duración

Excepcionalmente se han escrito figuras más breves que la semifusa, como ocurre en el «Grave» de la Sonata para piano Op. 13 en do menor de Beethoven, lo que ha supuesto la definición de dos figuras más: la garrapatea ♪ y la semigarrapatea ♪.

51. *Ejemplo de garrapateas (Ludwig van Beethoven,* Sonata Op. 13, *Patética).*

Hubo una figura que estuvo en vigor hasta la época barroca: es la nota cuadrada ◫, la cual tiene un valor igual a dos redondas. Cayó en desuso en la época clásica, donde ninguna nota utilizada pasaba del valor de una blanca. Desde entonces, los compositores han preferido utilizar signos de prolongación para escribir duraciones mayores a una redonda (véase «Ligadura de prolongación rítmica», pág. 123).

52. *Notas cuadradas. Figuras de sonido y de silencio (Orlando di Lasso, motete* Cum essem parvulus).

Nuevas notaciones de duración

La grafía musical se ha ido adaptando a lo largo de la historia a las necesidades planteadas por cada compositor y por cada época. También en el siglo XX han surgido nuevos planteamientos de duración a los que se ha buscado figuras representativas:

a) Figuras rítmicas que aceleran o ralentizan independientemente el tempo: cuando encontramos en un mismo grupo de notas una variación del número de barras que las unen, si el número de barras aumenta, corresponde a una evolución hacia valores más breves, y si el número de barras disminuye, corresponde a una evolución hacia valores más largos. Es decir, cuando el número de barras aumenta las notas deben ejecutarse cada vez más rápidas, mientras que si disminuye el número de barras las notas deben ejecutarse cada vez más lentamente. Un ejemplo de esta grafía se puede observar en el ejemplo 53.

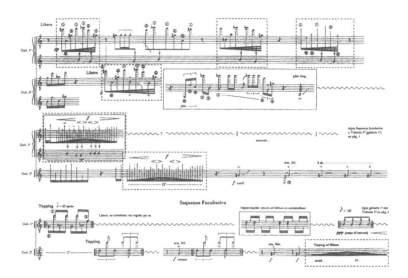

53. *Figuras rítmicas que aceleran o ralentizan el tempo (Carles Guinovart,* Cosmogonía, estudios tímbricos para dos guitarras*).*

b) *Figuras que muestran notas con una duración independiente:* para mostrar la duración más o menos larga que pueda tener una nota sin que guarde una relación directa de dependencia con las demás, se usa una figura, consistente en añadir a continuación de una nota una barra horizontal de una longitud mayor o menor (ejemplo 54).

Cuando se quiere precisar la duración de una nota o de un sonido, se indica la duración d el tiempo en segundos, como puede observarse en el ejemplo 55.

c) *Figura que muestra la ejecución de las notas lo más rápidamente posible:* consiste en una línea oblicua que atraviesa las barras que unen las notas en su borde izquierdo, tal y como se muestra en el ejemplo 56.

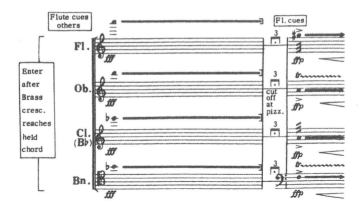

54. *Signos que muestran notas con una duración independiente (Elliot Schwartz, Texture for Strings, Winds, and Brass).*

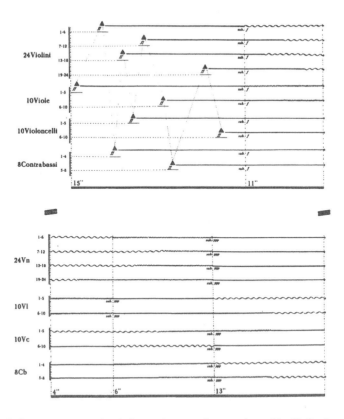

55. *Indicación en segundos de lo que tiene que durar cada sonido (K. Penderecki, Trenody for the Victims of Hiroshima, 1960).*

Entre los compositores contemporáneos es de uso habitual poner en sus partituras el significado de los signos y de las figuras que usan, sobre todo cuando su utilización no es generalizada.

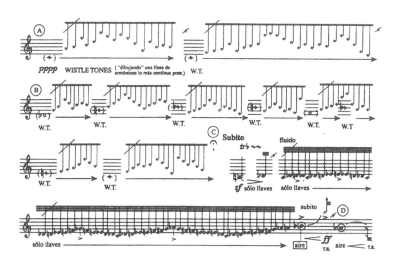

56. *Figura que muestra la ejecución de las notas lo más rápidamente posible (Polo Vallejo, Mímesis cinco, para dúo de flautas traveseras).*

Las figuras de silencio

Existe un universo paralelo al de las duraciones de sonido y tan rico cómo él: el de los silencios. A cada signo de duración le corresponde un signo de silencio, cómo puede apreciarse en el ejemplo 57.

Sonidos

Silencios

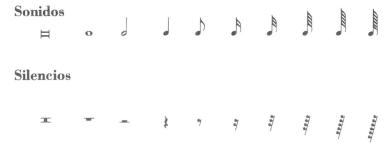

57. *Correspondencia de las figuras de silencio y las figuras de duración de sonido.*

El silencio (o pausa) de redonda se usa también cómo equivalente de una pausa de compás, sea cual sea éste (ejemplos 118 y 127).

Para los silencios existen unos símbolos particulares que indican que duran más de un compás.

Para un silencio de varios compases se utiliza un símbolo similar al silencio de compás, pero alargado, acotado por los extremos y con la indicación del número de compases que debe durar.

Allegro aperto

58. *Ejemplo de pausa de varios compases (W. A. Mozart, parte que interpreta el solista en el Concieto n.º 2 para flauta y orquesta).*

En el ejemplo 58, la pausa múltiple indica al flautista que empezará a tocar en el compás 32, ya que tiene 31 compases de espera (30+1). Las notas pequeñas con la indicación «Viol.» que se encuentran en el compás 31 son para indicar al solista, a modo de referencia, lo que interpretan los violines, ya que para el flautista está escrito el silencio de redonda que encuentra situado debajo de la primera línea del pentagrama.

Se puede encontrar en algunas partituras la indicación *G. P.*, *general pause* o pausa general (a esta indicación también se la conoce como *gran pausa*).

Las figuras de sonido.
Su altura y representación gráfica

Desde un punto de vista físico, la altura de un sonido corresponde a un determinado número de vibraciones por segundo, al que se llama *frecuencia*. La unidad de valor con que se mide la frecuencia se denomina *hercio* (Hz), y equivale a una vibración por segundo. A mayor número de vibraciones por segundo más alta es la frecuencia y, como consecuencia, más agudo es el sonido; y viceversa, a menor número de vibraciones, menor frecuencia y más grave el sonido.[15]

El oído humano sólo percibe las frecuencias situadas entre 20 Hz y 20.000 Hz. Existen también sonidos que se encuentran fuera del ámbito de audición humana: cuando éstos son más graves se llaman *infrasonidos*, y cuando son más agudos se llaman *ultrasonidos*.

Cuando suena música, se producen vibraciones y en consecuencia se generan sonidos. Cada uno de estos sonidos tiene unas cualidades particulares que hacen que se pueda diferenciar de otros.

No es momento ahora de entrar en los detalles de todos los elementos que determinan las cualidades de los sonidos, ya que este campo de estudio es ocupado por la *acústica musical*. Lo que sí es importante señalar aquí es que hay sonidos, como los que produce una sonaja o una batería, por ejemplo, que son de altura indeterminada, ya que aunque se pueda determinar si son más agudos o más graves, no se puede concretar su altura; esto es debido a que las vibraciones que causan el sonido no son de igual duración. La mayoría de los instrumentos que producen sonidos de altura indeterminada son de la familia de la percusión.

Complementando a éstos, los sonidos causados por vibraciones *isocronas* (de igual duración) tienen una altura determinada, ya que la regularidad en el movimiento vibratorio permite definir y fijar el sonido.

La fijación de los sonidos y su sistematización ha ido evolucionando a través de la historia y se ha intentado que este sistema fuera lo más general posible y que estableciera un código para entender todos los textos musicales.

Así como en el capítulo destinado a la historia de la notación se ha intentado mostrar la evolución de los signos que forman lo que se podría llamar *ortografía de la música*, y entender que esta evolución y sistematización responden a soluciones lógicas de problemas prácticos, en éste se muestra la sistematización de los signos usados en la práctica común.

El nombre de las notas y los sistemas de denominación

La sistematización en la Edad Media de la *scala generalis* y la necesidad de nombrar cada grado del *hexacordo* han llegado hasta nuestros días, convirtiéndose en la base de los sistemas occidentales de denominación de las notas.

Por un lado tenemos el sistema derivado directamente del *Himno a San Juan Bautista*, el cual emplea las siguientes notas (de la más grave a la más aguda): do, re, mi, fa, sol, la, (si) (véase ejemplo 17). La nota ut empleada en el *Himno* se ha transformado en la nota do actual.

Los dos siguientes sistemas derivan de la notación alfabética de la *scala generalis* y son usados en el ámbito anglosajón y germánico.

En el sistema usado en el ámbito de influencia anglosajón se usan las siguientes letras para designar las notas: a, b, c, d, e, f, g que representan respectivamente las notas la-si-do-re-mi-fa-sol.

El nombre de las notas en el sistema germánico es: a, h,[16] c, d, e, f, g para designar a nuestras la, si, do, re, mi, fa, sol.

Parece ilógico el nombre h de la segunda nota; históricamente deriva de la nota ♭, usada para designar la nota si natural.[17]

Para que los sistemas sean funcionales, al igual que sucedía con los *hexacordos*, se encadenan la serie de notas para abarcar el máximo número de sonidos: ...do, re, mi, fa, sol, la, si, do, re, mi, fa, sol, la, si, do, re, mi, fa, sol... Cada una de estas notas está definida en cuanto a su vibración, y por lo tanto constituye un sonido fijado. Para poder medir la altura, en el contexto musical, las distancias (intervalos) de referencia establecidas son: tono como la unidad y semitono como la mitad de la unidad (1/2 tono).

Las distancias de las notas se pueden ver en el ejemplo 59.

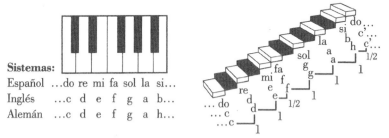

Sistemas:
Español ...do re mi fa sol la si...
Inglés   ...c d e f g a b...
Alemán   ...c d e f g a h...

59. *El nombre de las notas en los principales sistemas de denominación occidental y la distancia entre éstas.*

Las alteraciones de las notas

Las siete notas naturales pueden ser modificadas con unos signos que se colocan delante de ellas, a los que llamamos *alteraciones*. Las alteraciones añaden o quitan semitonos a las notas a las que preceden.[18] En la práctica común de la música occidental existen cinco alteraciones:

* El *sostenido* o *diese*. Añade un semitono a una nota natural y la convierte en una nota medio tono más aguda. Su símbolo es: ♯.
* El *bemol*. Quita un semitono a una nota natural y la convierte en una nota medio tono más grave. Su símbolo es: ♭.
* El *becuadro*. Anula el efecto de las alteraciones precedentes. Su símbolo es: ♮.
* El *doble sostenido* o *doble diese*. Añade dos semitonos a una nota natural y la convierte en una nota un tono más aguda. Su símbolo es: ✕.
* El *doble bemol*. Quita dos semitonos a una nota natural y la convierte en una nota un tono más grave. Su símbolo es: ♭♭.

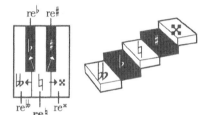

60. *El efecto de las alteraciones.*

Del análisis del ejemplo 60 se desporende la existencia de notas que dentro de un mismo sistema de notación tienen la misma altura, pero reciben nombres distintos. Por ejemplo: las notas mi ♯, fa y sol ♭♭ tienen la misma altura, con lo que si las interpretáramos al piano se usaría la misma tecla para las tres (ejemplo 61).

A las notas con la misma altura de sonido y nombre distinto se las conoce como *notas enarmónicas* o *sinonímicas*.

Cuando una nota está alterada, la alteración afecta a las notas del mismo nombre y altura que suenan después de ella y que están en el mismo compás; si la nota se prolonga hasta el compás siguiente por medio de una ligadura el efecto de la alteración se prolonga también.

A menudo, en el ámbito tonal se escriben alteraciones que no son necesarias, pero que el compositor estima prudente escribir. Estas alteraciones son las llamadas *alteraciones de precaución*. Mientras algunos compositores las escriben de manera normal, otros prefieren establecer alguna distinción y las colocan dentro de un paréntesis o bien encima o debajo de la nota (ejemplo 62).

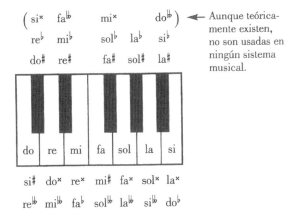

← Aunque teórica-
mente existen,
no son usadas en
ningún sistema
musical.

61. *Visualización de las enarmonías sobre un teclado. Se puede apreciar visualmente el distinto nombre que puede tener una nota, representada aquí por una misma tecla.*

62. *Diferentes maneras de escribir las alteraciones de precaución.*

Cuando hay que efectuar un cambio de alteración en una nota dentro del mismo compás, puede realizarse de dos maneras:

* La primera, poniendo simplemente delante de la nota la nueva alteración (ejemplo 63, destacados *a*).
* La segunda, poniendo un ♮ antes de la nueva alteración (ej. 63, destacados *b*).

En los sistemas musicales extraoccidentales y en la música del siglo XX se usan distancias menores que un semitono (tales como el cuarto de tono, el tercio de tono, etc.), a estos intervalos se los conoce con el nombre de *microintervalos* y los símbolos más comúnmente usados para su identificación son los siguientes:

* � designan 1/4 de tono hacia arriba.
* ⍾, ♮, ♭, ♩ designan 1/4 de tono hacia abajo.
* ♯, ⍚ designan 3/4 de tono hacia arriba y hacia abajo, respectivamente.

63. Uso de las diferentes alteraciones (Beethoven, Sonata para piano Op. 53, Waldstein).

También se usa un sistema numeral para designar los intervalos: con un número se indica el denominador de la fracción, y una flecha hacia arriba o hacia abajo determina la dirección del microintervalo. Así, a modo de ejemplo:

3̇ equivale a 1/3 de tono ascendente.
6̧ equivale a 1/6 de tono descendente.

Nomenclatura de las alteraciones y de las notas en distintos idiomas

Obsérvese en la tabla de las páginas 70 y 71 los nombres de las diferentes alteraciones y cómo se nombran las notas en distintos idiomas.

La pauta musical o pentagrama. Un soporte para la notación de las alturas

Hasta ahora se ha mostrado que las notas tienen una determinada altura y cuáles son los signos que pueden modificar estas alturas. Con lo hasta aquí expuesto sería imposible expresar en un solo signo la duración y la altura de una nota, por lo que necesitamos contar con un soporte que al colocar las notas en él permita visualizar estas características de una manera rápida y precisa. A este soporte se le llama *pentagrama*.

		LA	SI	DO
♭♭	Esp. Ing. Fr. Al. It.	La doble bemol A double flat La double bémol Asas La doppio bemolle	Si doble bemol B double flat Si double bémol Bes (Heses) Si doppio bemolle	Do doble bemol C double flat Ut double bémol Ceses Do doppio bemolle
♭	Esp. Ing. Fr. Al. It.	La bemol A flat La bémol As La bemolle	Si bemol B flat Si bémol B Si bemolle	Do bemol C flat Ut bémol Ces Do bemolle
♮	Esp. Ing. Fr. Al. It.	La A La A La	Si B Si H Si	Do C Ut C Do
♯	Esp. Ing. Fr. Al. It.	La sostenido A sharp La dièse Ais La diesis	Si sostenido B sharp Si dièse His Si diesis	Do sostenido C sharp Ut dièse Cis Do diesis
×	Esp. Ing. Fr. Al. It.	La doble sostenido A double sharp La double dièse Aisis La doppio diesis	Si doble sostenido B double sharp Si double dièse Hisis Si doppio diesis	Do doble sostenido C double sharp Ut double dièse Cis Do doppio diesis

64. *Nombre de las notas y de las alteraciones en distintos idiomas.*

El pentagrama está construido por cinco líneas paralelas y equidistantes y por cuatro espacios entre ellas. Tanto las líneas como los espacios se cuentan de abajo a arriba, como puede verse en el ejemplo 65. De izquierda a derecha, el pentagrama nos muestra el desarrollo del tiempo, mientras que en sentido vertical nos muestra el desarrollo de las alturas; la dirección de abajo a arriba se corresponde con la del grave al agudo y viceversa.

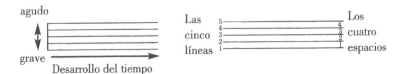

65. *El pentagrama.*

		RE	MI	FA	SOL
♭♭	Esp.	Re doble bemol	Mi doble bemol	Fa doble bemol	Sol doble bemol
	Ing.	D double flat	E double flat	F double flat	G double flat
	Fr.	Re double bémol	Mi double bémol	Fa double bémol	Sol double bémol
	Al.	Deses	Eses	Fesas	Gesas
	It.	Re doppio bemolle	Mi doppio bemolle	Fa doppio bemolle	Sol doppio bemolle
♭	Esp.	Re bemol	Mi bemol	Fa bemol	Sol bemol
	Ing.	D flat	E flat	F flat	G flat
	Fr.	Re bémol	Mi bémol	Fa bémol	Sol bémol
	Al.	Des	Es	Fas	Ges
	It.	Re bemolle	Mi bemolle	Fa bemolle	Sol bemolle
♮	Esp.	Re	Mi	Fa	Sol
	Ing.	D	E	F	G
	Fr.	Re	Mi	Fa	Sol
	Al.	D	E	F	G
	It.	Re	Mi	Fa	Sol
♯	Esp.	Re sostenido	Mi sostenido	Fa sostenido	Sol sostenido
	Ing.	D sharp	E sharp	F sharp	G sharp
	Fr.	Re dièse	Mi dièse	Fa dièse	Sol dièse
	Al.	Dis	Eis	Fis	Gis
	It.	Re diesis	Mi diesis	Fa diesis	Sol diesis
✕	Esp.	Re doble sostenido	Mi doble sostenido	Fa doble sostenido	Sol doble sostenido
	Ing.	D double sharp	E double sharp	F double sharp	G double sharp
	Fr.	Re double dièse	Mi double dièse	Fa double dièse	Sol double dièse
	Al.	Disis	Eisis	Fisis	Gis lo
	It.	Re doppio diesis	mi doppio diesis	Fa doppio diesis	Sol doppio diesis

En el pentagrama, las notas se escriben en las líneas o bien en los espacios que hay entre cada línea, tal y como se muestra en el ejemplo 66.

66. Escritura de las notas en el pentagrama.

Las cinco líneas y los cuatro espacios de un pentagrama no permiten escribir todas las notas existentes (sólo caben nueve diatónicas), por lo que a menudo necesitamos escribir signos que se salen del pentagrama. Para organizar y concretar estos sonidos se usan las líneas adicionales, que representan una ampliación momentánea del pentagrama (ejemplo 67).

67. *Líneas adicionales.*

Cuando las notas del pentagrama están alineadas una encima de la otra deben sonar simultáneamente, y constituyen, en la mayor parte de los sistemas, un acorde, mientras que si están una detrás de otra deben sonar por orden, de izquierda a derecha, y constituyen una melodía (ejemplos 68 y 69).

A veces, es necesario desalinear las notas de un acorde para que éste se pueda entender con claridad.

68. *Escritura de una partitura en acordes (M. P. Mussorgsky, inicio de «La grande porte de Kiev», de* Tableaux d'une exposition).

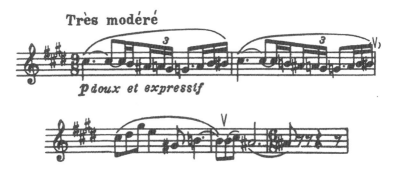

69. *Escritura de una melodía (C. Debussy, «Prélude» à* L'après-midi d'un faune).

Claves o llaves.
Nomenclatura, representación gráfica y usos

El pentagrama, al ser solamente un soporte, no especifica ni concreta en sí mismo los sonidos. Solamente nos indica que las notas que están a la izquierda deben sonar antes de las que están a la derecha, y que sonarán más graves o más agudas si están colocadas en una posición más baja o más alta, respectivamente.

Para llevar a cabo esta concreción, hace falta algún signo que nos permita relacionar cada línea y cada espacio del pentagrama con una nota determinada.

A estos signos, colocados en las líneas del pentagrama, se los llama *claves* (o *llaves*).

Existen tres claves diferentes: la clave de sol, la clave de fa y la clave de do.

Clave de sol   Clave de fa   Clave de do

70. *Las tres claves.*

Los nombres de las ocho claves son los siguientes (ordenadas, según su uso, de grave a agudo) :

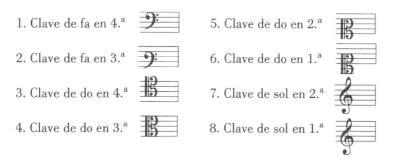

1. Clave de fa en 4.ª   5. Clave de do en 2.ª

2. Clave de fa en 3.ª   6. Clave de do en 1.ª

3. Clave de do en 4.ª   7. Clave de sol en 2.ª

4. Clave de do en 3.ª   8. Clave de sol en 1.ª

La nota que se encuentra en la línea dónde se coloca cada una de las claves recibe el nombre de ésta, mientras que las demás notas se nombran por extensión en relación a la misma (ejemplo 71).

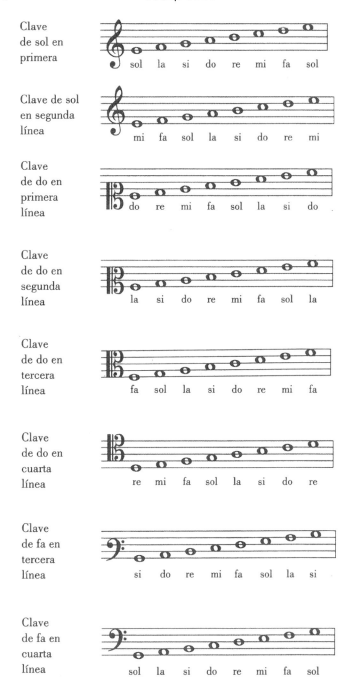

71. *El nombre de las notas en las diferentes claves.*

El hecho de la existencia de diferentes claves, y que cada una de ellas pueda ocupar varias posiciones en el pentagrama, obedece a la necesidad de poder nombrar una nota situada en un lugar determinado del pentagrama con los siete nombres de las notas (do, re, mi, fa, sol, la, si).

Las diferentes claves y sus posiciones pueden verse en el ejemplo 72; su nombre viene determinado por el tipo de clave usada y la línea del pentagrama sobre la que está escrita.

72. *Posición de las claves y el nombre de una nota según la clave utilizada.*

La decisión de escoger una u otra clave se hace en función del registro; se usa la clave de fa en 4.ª para el más grave y la de sol en 1.ª para el más agudo.

73. *La nota do₃ en las ocho claves. Obsérvese que en todos los casos la altura de los sonidos es la misma.*

En la actualidad han caído en desuso la clave de sol en 1.ª, la de do en 1.ª, la de do en 2.ª y la de fa en 3.ª.

• Las claves más utilizadas actualmente son las de sol en 2.ª (para el registro medio y agudo) y la de fa en 4.ª (para el registro medio y grave).
• La clave de do en 4.ª se usa para determinadas tesituras agudas de los violonchelos, los contrabajos, los trombones y los fagotes.
• La clave de do en 3.ª se usa para las violas.

Una mención aparte merece el uso de las claves para las diferentes voces humanas:

• Para las voces [19] de soprano, mezzosoprano, contralto y tenor se usa la clave de sol (en 2.ª), y para el barítono y el bajo la clave de fa (en 4.ª).

• Cuando el tenor se escribe en clave de sol, existe la convención de que la nota que canta suena una octava más grave.

Para indicar que los sonidos escritos en un pentagrama deben sonar una octava más alta o más baja (más aguda o más grave) se usan los siguientes signos:

• El término *octava alta* [20] (ejemplo 74 a) significa que la música escrita suena en realidad una octava más aguda y por tanto permite escribir más cómodamente la música una octava más grave de lo que debe sonar. Se escribe encima de las notas, usando una línea discontinua que va desde la primera a la última nota afectada, pero si el fragmento afectado es muy largo, se indica sólo el comienzo y el final.

• Cuando el efecto es el contrario (la música debe sonar una octava más grave de lo que está escrita) se usa el término *octava bassa* y su signo es similar al anterior, pero escrito debajo de las notas (ejemplo 74 b). Cuando la música tiene que sonar a la octava *bassa* y está escrita en la clave se sol se puede usar el siguiente signo:

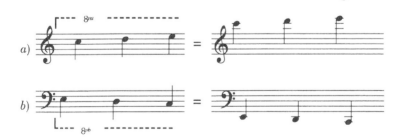

74. *Uso del signo de octava alta y octava bassa.*

Cuando dicho efecto no se aplica tan sólo a un fragmento, sino a toda la música que debe tocar un instrumento o voz, se puede poner el número 8 encima o debajo de la clave para indicar respectivamente que lo escrito suena una octava alta o baja. También se puede sustituir el 8 de encima o debajo de la clave por una flecha ascendente o descendente: y .

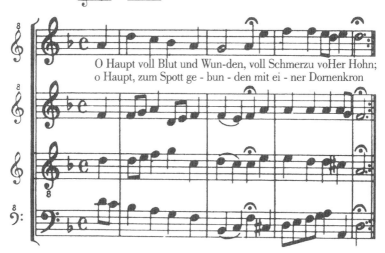

75. *Uso del signo 8 encima o debajo de las claves en una partitura para cuarteto de flautas de pico (J. S. Bach,* Vierstimmige Choräle*). Las claves de fuera de los pentagramas indican la altura real de los sonidos cuando el coral es interpretado por las flautas de pico.*

Soportes múltiples. Uso de varios pentagramas

Existen instrumentos[21] que por sus especiales características técnicas necesitan del uso de dos o tres pentagramas para mostrar con claridad la música que en ellos se encuentra. Si se usa un soporte con dos pentagramas, normalmente uno será en clave de sol y el otro en clave de fa.

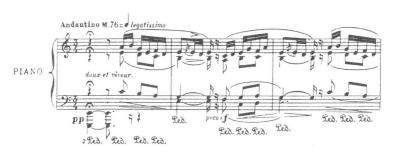

76. *Escritura para piano con un soporte de dos pentagramas (I. Albéniz, «Jerez»,* de Iberia*).*

77. *Escritura para órgano con un soporte de tres pentagramas, dos para el teclado de las manos y uno (pedalero) para el de los pies (J. S. Bach,* Praeludium pro Organo pleno, *BWV 552, 1).*

En instrumentos con un teclado adicional para los pies (como, por ejemplo, el órgano) la música se encuentra escrita en un soporte de tres pentagramas: el soporte clásico de dos pentagramas más uno adicional en la parte inferior en clave de fa —esto es debido a que el teclado de pedales, o pedalero, se usa para tocar las notas más graves del órgano— como puede observarse en el ejemplo 77.

Otra cuestión es cuando para clarificar la escritura y facilitar su interpretación, sobre todo en la música para piano del siglo XX, se usa también un soporte de tres pentagramas.

En este caso, el pentagrama superior se usará para las notas más agudas del fragmento y el inferior para las más graves, quedando el pentagrama central para complementar los otros dos (ejemplo 78). Se usaran las claves de sol y de fa, pero el uso de una u otra dependerá de la tesitura y del ámbito de la música.

Hasta aquí se han expuesto los soportes múltiples para un solo instrumento (incluida la voz), pero cuando una música está escrita para que la interpreten varios de ellos, el soporte general (partitura) está formado por la suma de los instrumentos que intervienen en la ejecución. Cada uno de ellos tiene su pentagrama particular, y las notas que coincidan en una línea vertical imaginaria sobre la partitura deben sonar al mismo tiempo, es decir, simultaneamente (ejemplo 79).

78. *Escritura para piano con un soporte de tres pentagramas. Como puede observarse, las claves varían según los requerimientos de la tesitura. (O. Messiaen, Cloches d'angoisse et larmes d'adieu de Preludes pour piano).*

79. *Partitura con 35 soportes o pautas (M. Ravel,* Bolero, *últimos compases).*

La representación gráfica de los sonidos en la música contemporánea

En la música contemporánea, y como necesidad de expresar nuevos sonidos o sonidos indeterminados se han usado diferentes signos. En algunos casos estos signos se han sistematizado y generalizado. Esta búsqueda de nuevos sonidos ha propiciado que el código utilizado hasta el momento no fuera suficiente para expresar todo el contenido de una obra musical, dando como resultado la creación de nuevas grafías.

Signos para clusters

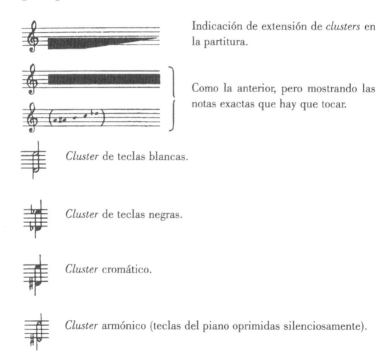

Indicación de extensión de *clusters* en la partitura.

Como la anterior, pero mostrando las notas exactas que hay que tocar.

Cluster de teclas blancas.

Cluster de teclas negras.

Cluster cromático.

Cluster armónico (teclas del piano oprimidas silenciosamente).

Signos para grupos de notas

 o ⟨ , etc.

Grupo de notas que empieza y acaba en cualquier punto (con indicaciones de altura o sin ellas).

Grupo de notas que parte del tono central y vuelve (las alturas pueden estar indicadas o no).

 Grupo de notas de una altura aproximada y duración al azar.

 Notas repetidas *ad lib.* La duración viene indicada por el marco.

 Grupo de notas que debe tocarse en cualquier momento dentro de la duración del claudátor.

 Grupo de notas de altura aproximada y duración indicada por el marco.

 Notas rápidas en tiempo libre (con indicación de altura o sin ella).

 Debe seguirse el diseño *ad lib* (con indicación de altura o sin ella).

Signos de altura aproximada: neumas o diseños

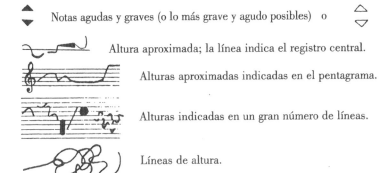

Notas agudas y graves (o lo más grave y agudo posibles) o

Altura aproximada; la línea indica el registro central.

Alturas aproximadas indicadas en el pentagrama.

Alturas indicadas en un gran número de líneas.

Líneas de altura.

80. *Diferentes signos utilizados en música contemporánea referentes a la altura libre de sonido.*

A continuación se ilustran varios soportes utilizados en la música del siglo xx. Obsérvese que el orden de los ejemplos supone la pérdida de elementos de la notación tradicional o la incorporación de elementos nuevos, tanto gráficos como gramaticales.

81 a. *P. Boulez*, Le marteau sans maitre.

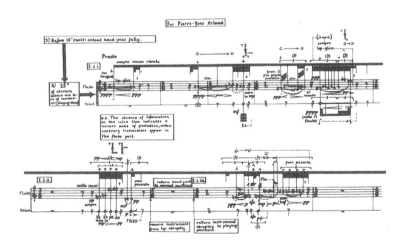

81 b. *B. Ferneyhough*, Unity Capsule.

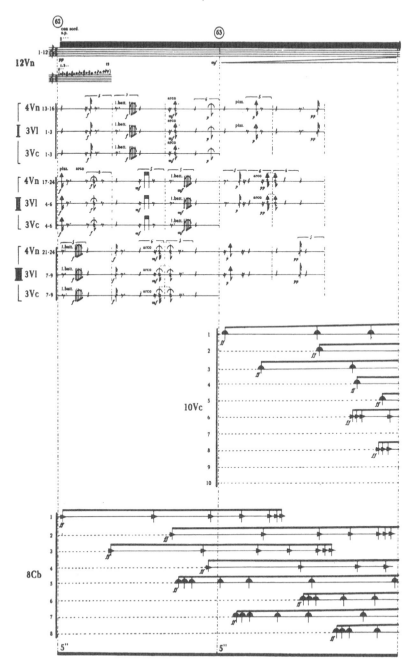

81 c. *K. Penderecki*, Threnody.

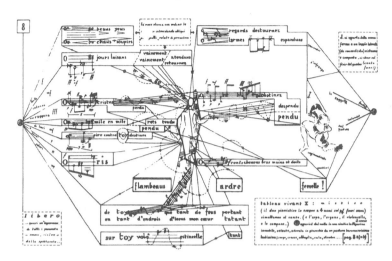

81 d. *S. Bussotti*, La Pasión selon Sade.

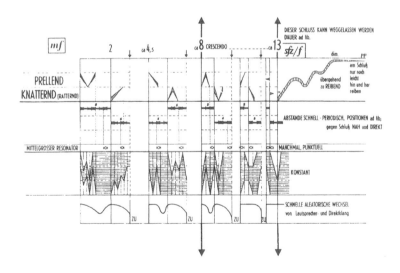

81 e. *K. Stockhausen*, Mikrophonie I.

81 f. *J. Cage*, M.

La métrica

La métrica [22] constituye un medio intelectual abstracto que se ocupa de medir y relacionar las unidades de tiempo usadas en la música. Estas unidades de tiempo pueden agruparse en unidades superiores *(compás)* o subdividirse en unidades inferiores *(partes de tiempo)*. El primer tiempo del compás suele ser fuerte, y eso fue lo que dio origen a la barra de compás, la cual se convirtió en la característica principal de la métrica occidental.

Como ya hemos visto en el capítulo anterior, el elemento indispensable para transmitir de una manera concreta la técnica musical ha sido la notación. La finalidad de la notación fue, en primer término, fijar la altura de los sonidos y, después, su duración.

De la notación métrica de las civilizaciones prehistóricas existe poca documentación y no permite elaborar una teoría con exactitud. En algunas obras de arte plástico (pinturas, bajorrelieves, etc.) y en algunos textos antiguos podemos encontrar indicios de sistemas de notación musical, pero la música estaba frecuentemente ligada a la religión y su enseñanza era, en general, de carácter secreto. De algunas culturas, como la hindú y la China, los sistemas de notación métrica nos han llegado con más precisión y se ha podido deducir en parte cómo funcionaba su música. La métrica occidental, de la que ya se ha detallado su evolución, se limita a un sistema relativa-

mente simple de compases, los cuales serán el objeto de estudio de
este capítulo.

Compás

El compás (de *cum:* «con», y de *passus:* «paso») es la menor de las
unidades de nivel métrico[23] superior, y determina el número de pulsos[24]
existentes entre los acentos que aparecen con relativa periodicidad.
Por tanto, para que el compás sea notorio algunos de los pulsos han de
ser acentuados.[25]

No debe confundirse el compás con el ritmo, ya que en un mismo
compás pueden existir diferentes ritmos. El ritmo es la manera en que
una o más partes no acentuadas son agrupadas en relación con otra
parte que sí está acentuada y, evidentemente, pueden haber varias
combinaciones posibles en la relación de partes acentuadas y no acentuadas. Se podría decir que el compás es el compartimento donde se
encuentra el ritmo (en la música occidental). La noción de compás es
relativamente reciente, su origen se remonta a los siglos XVI y XVII.

Para dar sucesión a cada uno de los compases de una composición
se usan unas líneas perpendiculares a las que se les da el nombre de
líneas divisorias, usando el signo de *doble barra final* (dos líneas divisorias de trazos desiguales colocadas muy próximas; la segunda es
más gruesa) para indicar la terminación de una composición o de un
fragmento con significado completo (un movimiento de una sonata o
simfonía, una obertura, un acto, un recitativo, etc.).

82. *Ejemplo de (a) líneas divisorias y (b) doble barra final (Beethoven, compases*
finales de la Sonata para piano n.º 32, Op. 111.)

También existe una doble barra con trazos iguales, que normalmente se emplea en determinados cambios dentro de un mismo fragmento (cambios de armadura, de compás o de un fragmento musical).

83. *Doble barra de trazos iguales (Beethoven, Sonata para piano n.º 28, Op. 101).*

Otro tipo de barra de compás llamada *doble barra de repetición* [26] es similar a la doble barra final, pero añadiéndole dos puntos en sentido vertical en la tercera línea del pentagrama, al lado de la barra que tiene el trazo fino. Esta barra indica una repetición en la dirección en la que se encuentran los dos puntos. Normalmente, se encuentran dos barras similares y simétricas con los puntos en la parte interna, e indican que debe repetirse el fragmento musical que se encuentre entre ellas. Cuando solamente se encuentra una barra de repetición con los puntos hacia la izquierda, significa que debe repetirse la obra o fragmento desde el comienzo hasta donde se encuentra la doble barra de repetición.

Trio

84. *Doble barra de repetición (Beethoven, «Trío» del Vals Wo084).*

85. *Doble barra de repetición con puntos hacia los dos lados (Beethoven, «Trío» del Vals Wo085).*

Cuando un compás simple[27] o su compuesto equivalente tiene más de cuatro tiempos y el ritmo interno así lo exija, puede subdividirse en varias partes. Si es así y se desea poner una barra de compás para diferenciar las partes, ésta será de trazo discontinuo.

86. *Barras discontinuas en el zortzico popular vasco* El adiós de Iparraguirre.
Puede observarse cómo un compás de cinco tiempos está formado rítmicamente por uno de tres tiempos más uno de dos tiempos.

Niveles métricos inferiores al compás: tiempo y partes (división y subdivisión)

Existen otros niveles métricos inferiores al compás (nivel 1), o dicho de otra manera, cada compás se puede dividir en fracciones. A las fracciones principales se les llama *tiempos* (nivel 1.1) y a las secundarias se les llama *partes* (*divisiones*, si están en el nivel métrico 1.2, y *subdivisiones*, si están en el nivel métrico 1.3).

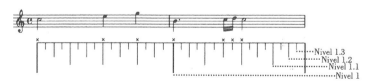

87. *Diferentes niveles métricos en una melodía.*

Cifrado característico de un compás (simple)

Los compases pueden ser binarios, ternarios y cuaternarios, si están formados respectivamente por dos, tres y cuatro tiempos.

Para indicar el compás se usa un quebrado (suprimiendo la barra intermedia) que se coloca después de la clave y de la armadura. [28] A diferencia de éstas, que se escriben al comienzo de cada nuevo pentagrama, el quebrado indicativo del compás se pone solamente al principio de una composición o cuando haya algún cambio de compás.

La cifra de compás revela una doble información:

- El numerador[29] indica el número de tiempos que hay en el compás.
- El denominador indica el valor de cada tiempo, es decir, su duración relativa (una blanca, una negra, una corchea, etc.).

Para mostrar a través de una cifra este valor se toma como unidad la redonda. Si en el denominador aparece la cifra 1, significa que cada tiempo es una redonda; si aparece la cifra 2, es una blanca (una blanca vale 1/2 redonda). Como una negra vale 1/4 de redonda, para mostrar que cada tiempo vale una negra se usará la cifra 4; la cifra 8 equivaldrá a una corchea, y así sucesivamente (ejemplo 44).

Así, por ejemplo, si en una composición está escrito un compás $\frac{3}{4}$ (al que llamaremos *tres por cuatro*) nos está informando de que se trata de un compás ternario (de tres tiempos) y que cada tiempo tiene el valor de una negra.

Determinados compases se indican por medio de signos especiales, derivados de los que se usaban en la Antigüedad, como son el **C** (compasillo), que significa 4/4, y el **¢** *(alla breve)*, equivalente al 2/2.

Compás de 2 tiempos   Compás de 3 tiempos

Compás de 4 tiempos

88. *Las cifras indicadoras del compás.*

Cada tiempo (nivel métrico 1.1) puede subdividirse en partes menores. Existen dos tipos de división: la que divide el tiempo en dos partes (tiempo binario) y la que lo divide en tres partes (tiempo ternario).

Compases simples y compuestos

Son denominados *compases simples* aquéllos cuya división de los tiempos es binaria. La figura representativa del valor de un tiempo es simple (redonda, blanca, negra, etc.).

Se da el nombre de *compases compuestos* a aquéllos cuyos tiempos son ternarios y, por lo tanto, un tiempo es representado por una figura con puntillo. Estos compases derivan de la división perfecta en tres tiempos de la música medieval, donde la división del tiempo en dos mitades era la división imperfecta.

89. *Divisiones del tiempo.*

El quebrado que usamos para indicar los compases compuestos tiene una diferencia significativa en relación al que se usa para los compases simples. Esta diferencia radica en el numerador, donde se usa la cifra 6 para el binario, 9 para el ternario y 12 para el cuaternario. En los compases simples, el numerador, además de indicar el número de figuras que entran en un compás, indica el número de tiempos (nivel métrico 1.1) que tiene éste, mientras que en los compuestos indica las partes de los tercios de tiempo (nivel métrico 1.2).

Así, por ejemplo, la cifra $\frac{9}{8}$ indica que:

- Se trata de un compás que está formado por nueve corcheas, ya que el numerador indica que hay nueve notas, y el denominador que cada una de estas notas equivale a una corchea (1/8 de redonda).
- Se trata de un compás compuesto, ya que el numerador es 9. Los numeradores de los compases simples binario, ternario y cuaternario son 2, 3 y 4, mientras que los de los compuestos son 6, 9 y 12.
- Se trata de un compás ternario, ya que la cifra 9 es la que corresponde a un compás ternario compuesto.
- Se trata de un compás donde cada tiempo equivale a tres corcheas (una negra con puntillo) ya que $\frac{9}{8}$ indica que es un compás ternario formado por 9 corcheas. El cálculo es el siguiente: en el primer punto se decía que es un compás de 9 corcheas. Además, se sabe que se trata de un compás de 3 tiempos (se ha visto en el párrafo anterior). Así que para saber por cuántas corcheas está formado cada

tiempo se divide el número total de corcheas por el número de tiempos: $9 : 3 = 3$ corcheas por tiempo, o sea, una negra con puntillo.

A cada compás simple le corresponde uno compuesto que tiene el mismo número de tiempos; cada tiempo está constituida por la misma figura, pero sin puntillo en el compás simple y con puntillo en el compás compuesto.

	Compases simples	Compases compuestos	Compases simples	Compases compuestos	Compases simples	Compases compuestos
Unidad de tiempo	♪	♪.	♩	♩.	𝅗𝅥	𝅗𝅥.
Compases binarios (2 tiempos)	$\frac{2}{8}=\frac{2}{♪}$	$\frac{6}{16}=\frac{6}{♪}=\frac{2}{♪.}$	$\frac{2}{4}=\frac{2}{♩}$	$\frac{6}{8}=\frac{6}{♪}=\frac{2}{♩.}$	$\frac{2}{2}=\frac{2}{𝅗𝅥}$	$\frac{6}{4}=\frac{6}{♩}=\frac{2}{𝅗𝅥.}$
Compases ternarios (3 tiempos)	$\frac{3}{8}=\frac{3}{♪}$	$\frac{9}{16}=\frac{9}{♪}=\frac{3}{♪.}$	$\frac{3}{4}=\frac{3}{♩}$	$\frac{9}{8}=\frac{9}{♪}=\frac{3}{♩.}$	$\frac{3}{2}=\frac{3}{𝅗𝅥}$	$\frac{9}{4}=\frac{9}{♩}=\frac{3}{𝅗𝅥.}$
Compases cuaternarios (4 tiempos)	$\frac{4}{8}=\frac{4}{♪}$	$\frac{12}{16}=\frac{12}{♪}=\frac{4}{♪.}$	$\frac{4}{4}=\frac{4}{♩}$	$\frac{12}{8}=\frac{12}{♪}=\frac{4}{♩.}$	$\frac{4}{2}=\frac{4}{𝅗𝅥}$	$\frac{12}{4}=\frac{12}{♩}=\frac{4}{𝅗𝅥.}$

90. *Equivalencias de los compases simples y compuestos.*

La manera de encontrar el compás equivalente compuesto a uno simple y viceversa se realiza de la siguiente manera:

- De simple a compuesto: multiplicando el numerador por 3 y el denominador por 2.
- De compuesto a simple: dividiendo el numerador entre 3 y el denominador entre dos.

Compás simple		Compás compuesto		Compás simple
$\frac{2}{4}$	× 3 (numerador)	$\frac{6}{8}$	: 3 (numerador)	$\frac{2}{4}$
$\frac{3}{4}$	× 2 (denominador)	$\frac{9}{8}$	: 2 (denominador)	$\frac{3}{4}$
$\frac{4}{4}$		$\frac{12}{8}$		$\frac{4}{4}$

91. *Cifrado de los compases simples y compuestos, y su equivalencia.*

La unidad de compás

Para percibir plenamente el carácter de un compás es necesario tener conciencia del valor de todo el compás y su representación a través de una sola figura.[30] A esta figura se la llama *unidad de compás*.[31]

Unidad de compás

Unidad de tiempo

92. *Relación del compás con su unidad de tiempo y su unidad de compás.*

Marcar el compás

Para comprender mejor la música que se está ejecutando, a menudo se utilizan unos gestos con la mano para marcar cada uno de los tiempos o sus divisiones.

Aunque el hecho de marcar los compases a menudo depende del ritmo de la música,[32] se ha llegado a un consenso (es la forma de marcar que puede verse en el ejemplo 93).

Hay que tener en cuenta que al hablar de marcar el compás, la diferencia estará en los distintos numeradores, ya que el denominador no afecta al número de tiempos de un compás, sino al valor relativo del tiempo.

Cambios de compás y las equivalencias

A menudo, en una obra musical,es preciso realizar algunos cambios de compás.

Con anterioridad al siglo XX, los cambios de compás no eran muy frecuentes, así que iban precedidos de una doble barra de trazos iguales (véase el ejemplo 94). Más tarde, sin embargo, se convirtieron en algo muy común, de modo que se sustituyó el uso de la doble barra por una simple línea; en algunas composiciones del siglo XX ni siquiera se usa la indicación de compás (ejemplos 95, 96 y 97).

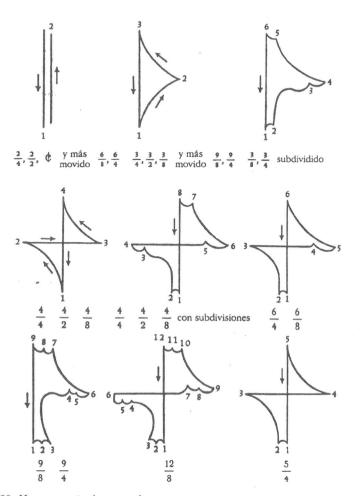

93. *Manera común de marcar los compases.*

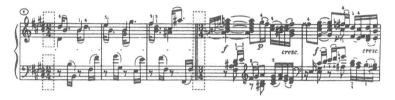

94. *Indicaciones de cambio de compás en una obra anterior al siglo XX, usando la doble barra de trazos iguales (Beethoven, Sonata para piano, Op. 109).*

95. *Cambio de compás en una obra del siglo* XX *usando sólo la barra e indicando el nuevo compás. (I.* Stravinsky, *«Sacrifical dance», en* The rite of spring*).*

96. *Indicaciones de cambio de compás usando un signo no tradicional, en una obra del siglo* XX *(C. Debussy,* Bruyères de Préludes*).*

97 *Cambios de compás en una obra sin indicación alguna de compàs (O.* Messiaen, Abîme des oiseaux de Quatour pour la fin du temps*).*

A partir del siglo XX, los cambios de compás se suelen usar como simples cambios de ritmo o por el echo de usar en una misma composición una amalgama de ritmos más o menos complejos. Pero con anterioridad al siglo XX los cambios de compás estaban normalmente asociados a un cambios en las ideas musicales o bien para dar una sensación de cambio de *tempo*.[33]

98. *Cambio de compás en una sonata para piano de Beethoven. Obsérvese que este cambio va acompañado de un cambio de la idea musical expresada hasta el momento; para ello, el autor emplea elementos técnicos, como el cambio de textura, de tonalidad y de* tempo *(Beethoven, Sonata en Si♭ mayor, Op. 106-IV, Hammerklavier).*

Cuando se escribe un cambio de compás y no lo acompaña un cambio de *tempo*, se expresa mediante la equivalencia de los tiempos (nivel métrico 1.1), como puede verse en el ejemplo 99 a. Si la equivalencia es de las figuras, comporta un cambio de *tempo*, como puede verse en el ejemplo 99 b.

99 a. *La equivalencia indica que la unidad de tiempo (nivel métrico 1.1) es idéntica, pero que las corcheas son más rápidas. Esto es debido a que siendo el tiempo igual, en el primer compás entran dos corcheas (una negra) y en el segundo compás entran tres corcheas (una negra con puntillo).*

99 b. *La equivalencia indica que las corcheas son iguales y, por lo tanto, que el tiempo es más lento en el segundo compás que en el primero. Esto es debido a que en el primer compás necesitamos dos corcheas para completar un tiempo, mientras que en el segundo necesitamos tres. Si las corcheas duran lo mismo, se deduce que el tiempo del segundo dura una corchea más, por lo que tarda más en completarse y es más lento.*

Tiempos fuertes y débiles

Las partes de un fragmento musical no siempre tienen el mismo énfasis dinámico; existen diferentes cimas de interés desde el punto de vista de la intensidad,[34] tanto física cómo psicológica.

Una de las maneras en que se manifiesta este énfasis dinámico es por medio del acento.

Un acento es un estímulo diferenciado (con una intensificación especial) dentro de una serie de estímulos. Su diferencia radica en la intensidad, el timbre, la altura, la posición en el compás, etc.

La parte acentuada[35] se convierte en el foco del ritmo en torno al cual se agrupan las partes no acentuadas, y éstas se oyen en relación a aquélla.

En la música occidental estos acentos musicales estaban, en un principio, en relación al texto y a los pies métricos de la poesía griega. Con posterioridad se escribió una barra (de compás) después de los acentos. De esta tradición, que ha evolucionado, se ha asumido que el primer tiempo de los compases siempre está acentuado, es decir, que siempre es fuerte y es el que tiene, de una manera «natural», más énfasis.[36]

Los tiempos impares generalmente son fuertes (F), y los pares débiles (d). La distribución de los tiempos en los distintos compases es la siguiente:

- En los compases binarios: F-d.
- En los compases ternarios encontramos tres distribuciones distintas de los tiempos según el ritmo interno: *a*) F-d-d

                                                                   b) F-d-F[37]

                                                                   c) F-F-d[38]

• En los compases cuaternarios: F-d-sF-d. El tercer tiempo resulta débil si se compara con el primer tiempo y fuerte si se compara con los otros dos, con lo que recibe el nombre de *semifuerte* (sF).

Los niveles métricos inferiores al tiempo (partes: divisiones y subdivisiones) siguen las mismas distribuciones que los binarios, ternarios y cuaternarios, según el número de partes en que dividimos o subdividimos.

Síncopas y contratiempos[39]

Síncopa viene del griego *sygkopê*, que significa «romper». Una síncopa se produce al entrar una nota cuando no hay pulso en el nivel métrico primario o en niveles inferiores y la parte siguiente del mismo nivel métrico es suprimida (tiene una ligadura o prolongación); es decir, cuando una nota entra en un tiempo o parte débil y se alarga como mínimo hasta el pulso siguiente. Si tanto la parte precedente como la siguiente están ausentes (son un silencio), constituye lo que se llama *contratiempo*.

Los antiguos griegos comparaban el desequilibrio rítmico que producía la síncopa al producido en el terreno de los sonidos por el retardo.[40]

En la Edad Media la síncopa era ya un desplazamiento del valor métrico y los compositores de los siglos XV y XVI la usaban con frecuencia,[41] pero sin llegar a concebirla como un desplazamiento del acento métrico (eso sucedió a partir de la influencia y dictadura de la música proporcional).[42]

100. a) *Notas que forman síncopa.* b) *Notas que no forman síncopa, pero que son susceptibles de entenderse como tales.*

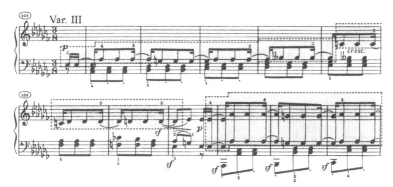

101. *Síncopas en una partitura musical (Beethoven, Sonata Op. 26, I. var. III).*

La escritura de las síncopas se puede realizar de dos maneras: escribiendo la prolongación de las notas con una sola figura (con o sin puntillo) o con ligaduras, empleando más de una figura.

102. *Maneras de escribir las síncopas: arriba, escritas con una sola figura; abajo, escritas con varias figuras.*

En toda síncopa se encuentran dos partes: la que va desde el momento en que se ataca la nota hasta el pulso siguiente en el mismo nivel métrico (tiempo o parte fuerte), y la prolongación desde este pulso hasta que se termina la nota.

103. *Síncopa regular (Thomas William Turpin, Búfalo Rag, 1904).*

Cuando las dos partes que constituyen la síncopa son iguales, se llama *síncopa regula* (SR) o *síncopa de primera clase* (ejemplo 103).

Si, por el contrario, las dos partes no son iguales, entonces se llama *síncopa irregular* (SI) o *síncopa de segunda clase* (ejemplo 104).

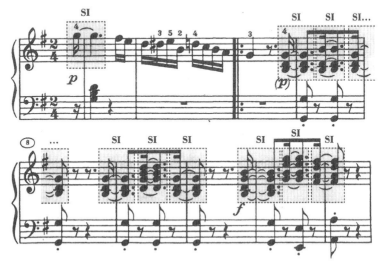

104. *Síncopa irregular (Beethoven, Sonata Op. 31 n.º 1, primer movimiento.)*

El contratiempo es una síncopa que no se prolonga (la prolongación está reemplazada por una pausa) y que está precedida de un silencio en el mismo nivel métrico (tiempo o partes: división o subdivisiones), y éste en un tiempo o parte fuerte en relación a la nota del mismo nivel métrico.

Si queremos una definición más abstracta y que no dependa del concepto de síncopa, pero que esté en la misma categoría estructural, se definiría contratiempo como: una nota que entra cuando no hay pulso en el nivel métrico primario o en niveles inferiores, y en la que dentro del mismo nivel métrico tanto la parte precedente como la siguiente están ausentes —son un silencio— (ejemplos 105 y 106).

Así, el contratiempo, al igual que la síncopa, contiene dos partes o elementos, en este caso, el silencio y la nota.

Cuando las dos partes del contratiempo son de igual duración, se dice que el contratiempo es *regular* o *de primera clase* (ejemplo 107).

Cuando las dos partes del contratiempo no son de igual duración, se dice que el contratiempo es *irregular* o *de segunda clase*.

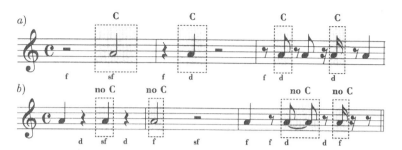

105. a) *Notas que forman contratiempo.* b) *Notas que no forman contratiempo y que son susceptibles de entenderse como tales.*

106. *Uso de los contratiempos en la parte de los saxofones en mi bemol. Obsérvese las síncopas regulares del primer clarinete y la primera corneta (F. Henri Klickmann, segunda estrofa del puente de* Knock Out Drops Rag*).*

107. *Contratiempo regular.*

108. *Contratiempo irregular.*

Algunas particularidades de los compases.

Anacrusas[43] y compases incompletos

No siempre una idea musical empieza en el primer tiempo del primer compás. Una o varias notas pueden anteceder a este primer tiempo. Dichas notas, con una dirección clara hacia el primer tiempo del primer compás, forman lo que se llama *anacrusa*. La anacrusa se encuentra en el compás cero.[44] Por definición, su duración es menor a un compás y, por lo tanto, no hace falta completar este compás con figuras de silencio. A veces, cuando una idea musical empieza en anacrusa y se repite, el último compás de esta idea también es incompleto, faltándole exactamente el valor de la anacrusa.

109. *Regularidad de las anacrusas (R. Schumann*, Álbum para la juventud, *Op. 68, n.º 6). Obsérvese que en el último compás falta una corchea, que es exactamente el valor de la anacrusa.*

Compases particulares

Existen compases, la mayoría de los cuales se usan a partir del siglo XX,[45] que por sus características especiales y su complejidad merecen un estudio particular y detallado. Éste comprende la siguiente estratificación:

a) Compases dispares: son aquellos compases que se forman por la suma de varios compases con la misma unidad de tiempo —mismo denominador—[46] (véase ejemplo 86). Compases dispares son, por ejemplo, el $\frac{5}{4}$ y el $\frac{7}{4}$.

b) Compases mixtos: son aquellos compases que se forman por la suma de varios compases con distinta unidad de tiempo (distinto denominador), con distintas relaciones entre los denominadores.

$$1{:}2 \quad \frac{3}{4} + \frac{3}{8}$$

$$1{:}8 \quad \frac{3}{4} + \frac{3}{32}$$

$$1{:}4 \quad \frac{3}{4} + \frac{3}{16}$$

110. *Compases mixtos y sus relaciones.*

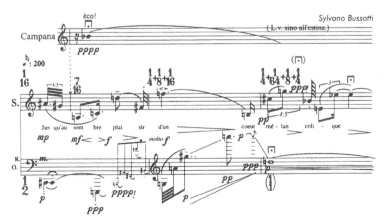

111. *Uso de compases mixtos (S. Bussotti, Due Voci).*

c) *Compases decimales o fraccionarios:* son compases con un valor añadido.[47] La diferencia entre los decimales y los fraccionarios está en la forma de escribir el numerador.

Se llamará *compás decimal* cuando el numerador se escriba con una cifra decimal, y *compás fraccionario* cuando el numerador se escriba con una fracción.

$\dfrac{3,5}{4}$ Compás decimal

$\dfrac{3^{1/2}}{4}$ Compás fraccionario

112. *Compás decimal y fraccionario.*

Se suele encontrar, derivados de éstos, los llamados compases de sustracción,[48] en los cuales el valor no es añadido sino de sustracción, como puede observarse en el ejemplo 113.

$\dfrac{4-1/2}{4}$

113. *Compás de sustracción derivado de un compás fraccionario.*

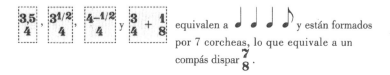

$\dfrac{3,5}{4}$, $\dfrac{3^{1/2}}{4}$, $\dfrac{4-1/2}{4}$ y $\dfrac{3}{4} + \dfrac{1}{8}$ equivalen a ♩ ♩ ♩ ♪ y están formados por 7 corcheas, lo que equivale a un compás dispar $\dfrac{7}{8}$.

114. *Compás decimal, fraccionario y mixto, y su equivalente compás dispar.*

Los compases decimales, fraccionarios y mixtos tienen siempre un *equivalente dispar.*

En el ejemplo 114 se observa que el compás dispar equivalente al compás decimal $\dfrac{3,5}{4}$, a los fraccionarios $\dfrac{3^{1/2}}{4}$ y $\dfrac{4^{-1/2}}{4}$ y al mixto $\dfrac{3}{4} + \dfrac{1}{8}$ es el compás dispar $\dfrac{7}{8}$.

El razonamiento para llegar a tal conclusión es el siguiente:

- Para el compás decimal $\frac{3,5}{4}$ y fraccionario $\frac{3^{1/2}}{4}$: en el decimal el quebrado indica que en el compás hay 3,5 negras; en el fraccionario, 3 negras y la mitad de una negra.
- Para el compás fraccionario de sustracción $\frac{4^{-1/2}}{4}$: los quebrados indican que en el compás hay cuatro negras menos la mitad de una negra. Esto es lo mismo que decir que en el compás hay tres negras más la mitad de una negra (4 — 1/2 = 3 + 1/2).
- Para el compás mixto $\frac{3}{4} + \frac{1}{8}$: indica que en el compás hay tres negras$\left(\frac{3}{4}\right)$ y una corchea $\left(\frac{1}{8}\right)$.
- En los casos anteriores, el número total de figuras es de 3 negras y una corchea. Al ser la corchea la menor de las figuras, la cifra que la representa (8) será la que utilicemos para el denominador.
- Para el numerador convertiremos todas las figuras en corcheas. Como el compás está formado por tres negras y una corchea, se obtienen 7 corcheas.
- Se obtiene así un compás dispar representado por el quebrado $\frac{7}{8}$.

d) Compases quebrados. Es un tipo de compás cuyo origen se encuentra en los grupos artificiales (dosillos, tresillos, etc.); en estos compases el numerador del quebrado está formado, asimismo, por otro quebrado.

El quebrado del numerador tiene el siguiente significado: su denominador nos indica cuál es el grupo artificial equivalente al compás, mientras que el numerador indica la cantidad de notas de este grupo que se usan.

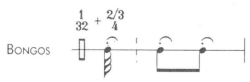

115. *Uso de un compás quebrado en un compás mixto (B. Nilson,* Mädchentotenlieder*).*

Así, por ejemplo, si está escrito el compás $\frac{2/3}{4}$ (ejemplo 115), indica que el compás está formado por dos tercios de una negra o, lo que es lo mismo, el compás está formado por dos de las tres corcheas de tresillo que tiene una negra.

de 3

$$\left(\frac{1}{8}\right) \; \text{♪} \;=\; \text{♫} \;\longrightarrow\; \frac{2/3}{8} \;=\; \text{♫}$$

de 7

$$\left(\frac{1}{4}\right) \; \text{♩} \;=\; \text{♫♫♫} \;\longrightarrow\; \frac{5/7}{4} \;=\; \text{♫♫}$$

116. *Varios ejemplos de compás quebrado y su significado.*

Como se trata de compases en los cuales se ha suprimido parte de su valor, al mezclarse con otros compases dan una sensación de mayor rapidez. De hecho, sólo al mezclarse con otros compases tienen sentido.

En el ejemplo 117, puede observarse que el segundo compás es de menor duración que el primero y, por lo tanto, transcurre con mayor rapidez. Esto es debido a que:

Primer compás:
• El valor total del compás es de dos corcheas (una negra).

Segundo compás:
• El denominador del numerador (3), indica que el tresillo equivale a todo el compás. Como el compás vale una negra, el tresillo que tiene este valor es el de corcheas.

• El numerador del numerador (2) indica que solo se usan dos de las tres corcheas que forman el tresillo.

• Se tarda menos tiempo si se usan dos corcheas de tresillo que si se usan las tres.

117. *Serie rítmica usando una mezcla de compases simples y quebrados.*

Signos complementarios

El calderón o corona

El más elemental significado del calderón sería el de «atención», siguiendo la tradición de los músicos de emplear señales en sus partituras para marcar puntos a los que hay que prestar una atención especial. El calderón se representa con los signos ⌒ y ⌣, formados por una semicircunferencia con un punto dentro de la misma. Se coloca encima ⌒ o debajo ⌣ de una nota, de una pausa o de una línea divisoria.[49] Su uso más antiguo es, probablemente, la duplicación del valor de la nota o del silencio al cual afecta, siendo éste el significado general que normalmente se le atribuye en los diferentes tratados de teoría de la música.

En el terreno del significado anterior, existen los signos ⊓ y ⊔, que determinan una suspensión momentánea del movimiento. Se usan con frecuencia a partir del siglo XX, pudiendo ir acompañados de una cifra, la cual indica el tiempo en segundos que debe durar la suspensión del movimiento, es decir, lo que debe durar el sonido de una nota o un silencio.

Para observar el uso de ⊓, véase en el ejemplo 54 la obra de Elliott Schwartz: *Texture for Strings, Winds, and Brass,* 1966.

A efectos de marcar el compás, cuando la nota o la pausa afectada por el calderón tenga un valor superior a un tiempo, es el último tiempo el que debe prolongarse.

El significado concreto de un calderón viene determinado por la sintaxis musical, lo cual llevará a diferentes interpretaciones según el lugar en el que esté colocado.

Hans Swarowsky [50] distingue y clasifica varios tipos de calderones.

Calderón *tenuto*

Sólo aparece en tiempos rápidos y prolonga el valor de una nota el doble, triple, cuádruple, etc.

El valor de la prolongación sólo se puede determinar una vez se ha relacionado la nota con calderón con el periodo o el grupo de compases al que pertenece.

En el ejemplo 118 puede observarse cómo el valor del calderón del compás 4 tiene que resultar de triplicar el valor de la nota, es decir, tendrá un valor de tres compases.

118. *Beethoven, Sinfonía n.º 6 en fa mayor, Op. 68,* Pastorale *(«Allegro ma non troppo», compases 1 a 4).*

119. *Obsérvese la regularidad del grupo de compases si se da un valor de tres compases al calderón del compás 4 (Beethoven, Sinfonía n.º 6 en fa mayor, Op. 68, Pastorale, «Allegro ma non troppo», compases 1 a 4).*

Una cuestión que debe tenerse en cuenta en el momento de interpretar este calderón con un valor de tres compases, es observar los grupos de compases que contienen las ideas musicales. Si este calderón tuviera una duración de dos compases, el grupo total resultante sería de cinco compases, que aunque posible, en el contexto de la obra y en medio de grupos de dos y cuatro compases, no sería lógico. Mientras que si el valor es de tres compases, complementados con los tres primeros resultaría un grupo regular de 6 compases (3+3).

Otra cuestión es observar lo que sucede en la recapitulación (ejemplo 120), donde el mismo Beethoven escribe en notas el calderón, dándole un valor de tres compases (compases 282-284) con un trino, ampliando inmediatamente la idea con cuatro compases más (compases 285-289).

120. *Beethoven, Sexta sinfonía en fa mayor, Op. 68,* Pastorale *(«Allegro ma non troppo», compases 279-284, recapitulación).*

Calderón pesante

Aparece en tiempos lentos; la duración del sonido no debe prolongarse. Señala una nota con una significación especial y que debe tocarse
con todo el valor indicado por su figura de duración, pero con doble
peso (débil-fuerte). Es decir, debe darse más peso a la segunda parte
de la nota (tramo final), ya que en un acorde o nota su valor sonoro se
ve a menudo cortado por una pausa rítmica y, como consecuencia, se
acorta el valor del sonido.

El calderón *pesante* se usa precisamente para evitar que se acorte
el sonido y para darle importancia por su propio peso, pero no se usa
para prolongarlo.

En el ejemplo 121, la prueba de que no debe prolongarse la nota
nos la da el mismo compositor en la obra.

En la repetición del tema (compás 7), Haydn usa los mismos valores, pero sin el calderón, lo que hace pensar que la diferencia no estará en la duración de las notas, sino en otro parámetro.

121. *F. J. Haydn, Sinfonía n.° 104 en re mayor,* London, «*Adagio I*».

El parámetro diferenciador será el peso de las notas: en los compases 7 y 8 el sonido de las notas se irá amortiguando, mientras que en los compases 1 y 2 el sonido de las notas con calderón no se debe dejar amortiguar, por lo que habrá que darles un peso a partir de la segunda mitad de su duración (débil-fuerte).[51]

Calderón de coral

Es aquél que encontramos en los corales e indica el final de una estrofa. No hay que prolongar la nota, pero una vez que ésta ha agotado toda su duración se añade un tiempo de silencio; de esta forma la música «respira» y se da serenidad al coral (ejemplo 122).

122. *J. S. Bach, coral n.º 22*, Als vierzig Tag nach Ostern warm, *BWV 266.*

Calderón de cadencia o de improvisación

Indica que hay que introducir cadencias en el lugar en el que está colocado, por lo que no hay que prolongar el valor de la nota, sino improvisar sobre la nota que tiene el calderón. Dichos calderones los encontramos en los conciertos clásicos y en las óperas de Haydn y Mozart. En el ejemplo 123 a, se observa cómo la flauta solista tiene la nota *la* con un calderón. Es aquí donde el solista debe efectuar la improvisación

123 a. *Calderón de cadencia o improvisación en un concierto para solista (W. A. Mozart, Concierto en re mayor para flauta y orquesta, KV. 314, «Allegro aperto (I)», compases 176-178).*

123 b. *Calderón de cadencia o improvisación en un concierto para solista (W. A. Mozart, Concierto en re mayor para flauta y orquesta, KV. 314, «Allegro aperto (I)», compás 178; realización de la cadencia por Thomas Bruttger).*

de la cadencia, y las siguientes notas indican cómo debe terminar. En este sentido obsérvese cómo termina la realización de la cadencia por Thomas Bruttger que se encuentra en el ejemplo 123 b.

Los demás instrumentos tienen el calderón sobre el silencio de blanca de la segunda parte del compás; esto indica que la blanca de la primera parte del compás ha de tocarse con todo su valor, mientras que el silencio se prolongará hasta que el solista haya terminado la cadencia, lo cual se indicará mediante la terminación escrita de la cadencia por parte del solista.

En el ejemplo 124 se observan dos grupos de calderones:

- Compás 70: en primer lugar hay que fijarse en el calderón de los dos personajes que cantan (Fiordiligi y Dorabella). El calderón que tienen es de *cadencia*, y por lo tanto deben improvisar una *fermata*. Los demás instrumentos, que tienen el calderón encima de los silencios, deben esperar a que los personajes hayan terminado su improvisación u ornamentación.

- Compás 71: este calderón no indica la prolongación de la negra del primer tiempo, sino que sirve para preparar un nuevo *tempo* *(Allegro)*; por lo tanto no se trata de un calderón de cadencia (lo analizaremos en el siguiente apartado).

124. *Calderón de cadencia o improvisación en una ópera (W. A. Mozart,* Così fan tutte, *KV 588, acto I, escena II, n.º 4, «Duetto», compás 70).*

125. *Calderón de cadencia, con la cadencia o fermata escrita por el propio compositor (Beethoven, Quinta sinfonía en do menor, Op. 67, «Allegro con brio, I», compases 267 a 271).*

En ocasiones, el compositor escribe estas cadencias, como en el primer movimiento de la Quinta sinfonía de Beethoven. En el compás 268 del ejemplo 125, puede observarse cómo el autor escribe la *fermata*. El oboe tiene dos calderones; el primero se debe interpretar como un calderón de cadencia, mientras que el segundo es un calderón para indicar el cambio de *tempo*. Los calderones de los demás instrumentos sirven para esperar la «improvisación» escrita del oboe.

Calderón para cambio de *tempo*

Este calderón lo encontramos frecuentemente en el clasicismo, sobre todo en Haydn, Mozart y, a veces, en Beethoven. Separa dos partes de la obra con diferentes *tempos* o diferentes compases (véase ejemplo 124, compás 71). Tiene un carácter de preparación del nuevo *tempo*. Se pueden dar dos posibilidades:

a) Cuando se va a pasar a un tempo más lento: se interpreta la nota o el silencio con calderón en el nuevo *tempo*. En el ejemplo 126 se observa cómo el calderón del compás 428 sirve para preparar el nuevo *tempo* más lento (se pasa de un *Allegro* a un *Andante* en el compás 429); comporta un cambio de compás (se pasa de un compás ternario a uno cuaternario).

126. *Calderón
para hacer
un cambio
a un tempo
más lento.
(W. A. Mozart,
Così fan tutte,
KV 588, acto I,
escena XVI, n.º 18,
«Finale», compases
427 a 429).*

Los dos silencios afectados por el calderón, a modo de preparación, deberan entenderse e interpretarse en el nuevo *tempo (Andante)*,
por lo que el calderón tendrá un efecto prolongador del silencio, pero
más que entenderse como una suspensión del *tempo*, es el resultado
de que el nuevo *tempo* es más lento.

b) Cuando se va a pasar a un tempo más rápido: el calderón indica que
hay que preparar el nuevo *tempo*, así que el valor de la nota o silencio dependerá del *tempo* en el que estemos ubicados; en raras ocasiones debe prolongarse el valor de la nota o silencio con calderón, porque el efecto que causa la nota del *tempo* más lento respecto del nuevo
(más rápido), ya es de prolongación.

En el clasicismo, este cambio de *tempo* siempre tenía que estar relacionado a nivel métrico.

El calderón del compás 39 del ejemplo 127 constituye una buena
muestra de las posibles interpretaciones de los calderones. Éste puede ser interpretado de dos maneras:

a) Dando el valor exacto a la blanca con puntillo y haciendo una pequeña pausa equivalente a la primera parte del compás de seis por
ocho.[52]

b) Si se subdivide el tiempo, la segunda parte del puntillo (equivalente a una corchea) debe durar lo mismo que un tiempo de compás seis por ocho, con lo que la relación de *tempo* será: una corchea del *Adagio* equivale a tres corcheas del nuevo *tempo* (*Allegro con spirito*).[53]

127. *Calderón de cambio de* tempo, *con el nuevo* tempo *más rápido (F. J. Haydn, Sinfonía n.° 103 en mi ♭ mayor, Redoble de timbal, primer movimiento, compás 39).*

Calderón escénico

Se usa en la ópera y en el ballet, y sirve para favorecer el discurso dramático y la puesta en escena de los personajes. No se puede precisar la duración de dichos calderones, ya que dependerá de lo que suceda en el escenario. Este calderón sólo puede indicarse con los silencios que hay que mantener hasta que el proceso dramático o el cambio de escena se haya producido.

En el ejemplo 128 se puede observar que en los compases 530, 531, 532 y 533 Mozart colocó una serie de calderones, todos ellos escénicos. En estos cuatro compases se le piden dos cosas a Papageno (el personaje que está en este momento en escena):

a) *Pfeift* («toca»): que toque las notas que están escritas.

b) *Sieht sich um* («mira a su alrededor»): esta indicación está en los calderones, por lo que éstos tendrán la duración exacta que necesite el personaje para escenificar la mirada a su alrededor.

128.` Calderón escénico (W. A. Mozart, La flauta mágica, KV 620, acto II, n.° 21, «Finale», compases 529 a 534).

Otro ejemplo de este tipo de calderones lo encontramos en *Così fan tutte*, KV 588, de *W. A. Mozart*, acto II, escena última, XVIII, n.º 31 «Finale», compás 465.

A partir del siglo XIX, se usa el calderón escénico con un significado un poco más evolucionado que durante el clasicismo. No se usa ya sólo como un elemento externo necesario para el desarrollo escénico, sino que forma parte del propio desarrollo dramático. Su significado sigue siendo el mismo: el de ayudar al desarrollo dramático de la escena. El ejemplo 129 muestra la escena de la muerte de *Mimí*. Justo en el n.º 29 de ensayo es donde muere, y en el compás anterior sólo tocan

129. *Calderón escénico, con el silencio jugando un papel dramático importantísimo (G. Puccini, La Bohème, acto IV, un compás antes del n.º 29 de ensayo*[54]*).*

los violines I. Su sonido queda interrumpido por un silencio de corchea con un calderón (los demás instrumentos tienen un silencio con calderón en todo este compás) y con la palabra *lunga*, con clara referencia a la indicación de todo este compás *lunga pausa* («larga pausa»).

Esta pausa es de espera: deja a los personajes en escena a la espera de lo que le ha sucedido a Mimí (los personajes creen que se ha dormido), pero el tremendo acorde que aparece en el n.º 29 de ensayo y las indicaciones de escena que incluye Puccini en la partitura muestran al oyente que Mimí ha fallecido.

Otra información musical que certifica la muerte del personaje es que durante todo este pasaje se escuchan, con carácter premonitorio, motivos y elementos musicales que ya han sido presentados en el primer acto, cuando Rodolfo y Mimí se encuentran por primera vez, pero aquí aparecen con una sonoridades más lúgubres, lo que hace presagiar un desenlace fatal.

De hecho, hasta el n.º 30 de ensayo no se certifica de viva voz a los personajes la muerte de Mimí. Lo hace Schaunard con las siguientes palabras: «Marcello, è spirata» («Marcelo, ha expirado»), momento que se ha ido preparando durante todo el n.º 29 de ensayo.

Toda esta escena es un buen ejemplo del nivel de detalle musical y dramático que tiene que controlar el compositor en el momento de plantearse la composición de una ópera.

Calderón de separación

Divide dos bloques con armonías dispares, haciendo extinguir una armonía a la que le sigue un sonido extraño o muy contrastado. Por lo tanto, debe prolongarse la nota con calderón hasta la extinción del sonido; esa extinción depende de los factores que puedan afectar a la duración del sonido (de éstos, seguramente el más importante es la acústica de la sala).

En el compás 113 del ejemplo 130 se observa un calderón de separación, ya que en la armonía del compás 114 se oye una relación armónica muy contrastada, con lo que se debe dejar que el sonido se extinga prolongando la nota con calderón.

Los calderones que aparecen en el compás 115 y en el compás 116 son del tipo *pesante*, y se tienen que interpretar prolongando la negra, pero en relación a la indicación *piu largo* que aparece en el compás.

130. *Calderón de separación, en el compás 113 (F. J. Haydn, Sinfonía n.° 104 en re menor, London, «Andante (II)», compases 110-120).*

Calderón *fine*

Este calderón se coloca en la doble barra final, e indica que una obra o movimiento se han terminado.

En las piezas con *tempos* lentos, este calderón ha pasado a ponerse en la última nota, a la que se da un valor pesante, pero sin prolongar la duración de la misma. También puede ser sustituido por la palabra *fine*.

En el ejemplo 131 el calderón está en la doble barra del final de la obertura; indica que se ha terminado una parte de la obra y, por lo tanto, puede hacerse una pequeña pausa antes de empezar con el primer acto.

Ligadura de prolongación rítmica y puntillo

La ligadura de prolongación rítmica y el puntillo son mecanismos de prolongación de una nota a partir de la suma de figuras de duración.

131. *Calderón* fine *(W. A. Mozart,* Così fan tutte, *KV 588 «Obertura»,* compases 253 *al final).*

La duración total del sonido resultante tendrá un valor contable y exacto; es decir, el mismo signo en o entre las mismas figuras significará siempre la misma prolongación relativa de los sonidos (a diferencia del calderón, que cuando indica una prolongación de la nota, colocado sobre la misma figura de duración, puede interpretarse de varias maneras, dependiendo de un contexto musical concreto, como se ha visto en el apartado anterior).

Ligadura de prolongación rítmica

La ligadura de prolongación rítmica es un signo formado por una línea curva colocada entre dos notas consecutivas de un mismo sonido (pudiendo tener distinto nombre), aunque sean de distinta duración.

La ligadura se escribe siempre uniendo la cabeza de las notas y no la plica y, en general, con la línea curva en dirección contraria a estas, es decir, que en las notas con la plica hacia abajo las ligaduras irán hacia arriba y viceversa (ejemplo 132).

En la escritura polifónica de un acorde se pueden encontrar ligaduras superpuestas indicando los sonidos o las voces que tienen que estar ligados (ejemplo 133).

132. *Dirección de la línea curva de las ligaduras en función de la dirección de las plicas (J. S. Bach, Sonata para flauto traverso y cembalo en si menor, BWV 1030, «Andante (I)», compases 106-107).*

133. *Ligaduras de prolongación rítmica en una escritura polifónica de acordes (M. Ravel, Ma mère l'oye [5 pièces enfantiles], IV «Les entretiens de la Belle et de la Bête», 6 compases finales).*

Obsérvese en el ejemplo 133 la diferente dirección de la línea curva de las ligaduras de los acordes de la cuerda. Al estar las plicas de las notas en un mismo sentido, todas las ligaduras tendrían que estar en el sentido contrario. Pero para clarificar la lectura, M. Ravel reparte la dirección de las ligaduras, con la línea curva mirando hacia arriba en las notas agudas del acorde, y hacia abajo en las graves.

La ligadura de prolongación métrica indica la unión del valor de la segunda nota al valor de la primera, creando una nueva duración igual a la suma de ambas.

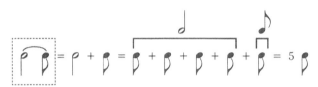

134. *Valor total de una ligadura.*

La ligadura de prolongación rítmica se emplea en los siguientes casos:

* Para escribir ciertos valores que no podrían notarse solamente con un signo. En el compás 47 del ejemplo 135 se observa una blanca ligada a una corchea con puntillo que se encuentra en el compás 48, y en el compás 48 hay una blanca ligada a una negra y a una semicorchea del compás 49.

135. *Ligadura de prolongación rítmica con valores que no pueden ser representados por una única figura de duración del sonido (W. A. Mozart, Concierto en re mayor para flauta y orquesta, KV. 314, «Adagio ma non troppo (II)», compases 47-49).*

Así, por ejemplo, para calcular la duración total de las notas ligadas de los compases 47 y 48, se coge como unidad la nota con menos duración, la cual servirá de base para el cómputo total. En este caso, la unidad de valor viene marcada por el puntillo de la corchea (véase el apartado siguiente), que es una semicorchea. Si una blanca vale ocho semicorcheas y una corchea equivale a dos semicorcheas, sumando éstas a la semicorchea representada por el puntillo, da como resultado un total de once semicorcheas, como puede verse en el ejemplo 136.

De una manera similar se puede hacer el cálculo de la ligadura de las notas entre los compases 48 y 49.

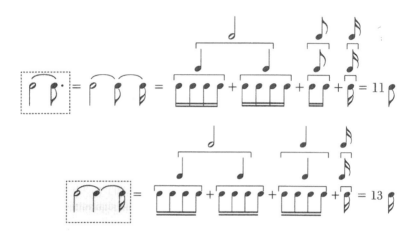

136. *Equivalencia de las ligaduras de los compases 47-49 del ejemplo 132. Arriba: ligadura de los compases 47-48; abajo: ligadura de los compases 48-49.*

* Para indicar un sonido que se prolonga varios compases. La ligadura debe hacerse entonces a través de la barra de compás (como ocurre en el ejemplo 137).

137. *Ligaduras de prolongación rítmica en varios compases (W. A. Mozart, Concierto par flauta y orquesta en re mayor, KV. 314).*

Cuando una ligadura de prolongación rítmica abarca más de un compás, si la nota que está en el primer compás está alterada, la que está ligada a ésta en el compás siguiente debe considerarse también alterada, y así sucesivamente en las notas ligadas de los siguientes compases.

138 a. *Nota ligada manteniendo la alteración de un compás a otro (C.Debussy.*
Syrinx [La flûte de Pan], *compases 33-34).* Con indicación del ♮ en el compás 33
y sin indicación del ♮ en el 34.

138 b. *Nota ligada y uso de una alteración en cada compás (C.* Debussy, Syrinx
[La flûte de Pan], *compases 33-34). Con indicación de precaución en el compás 34.*

En el ejemplo 138 a, se puede observar que el sonido de la nota
si♮ del compás 33 pasa al compás siguiente mediante la ligadura, por
lo que debe mantener el ♮, aunque no se indique (se puede indicar
un ♮ de precaución en el compás 34).

Otra muestra del mantenimiento de las alteraciones en las ligaduras de prolongación rítmica a través de los compases, puede ser obser-
vada en las cuerdas de los seis últimos compases del ejemplo 133.

• Reunir los valores en grupos lógicos.

Un análisis exhaustivo de las ligaduras de prolongación rítmica de los
quince primeros compases del ejemplo 139, desde la óptica de la reunión de valores en grupos lógicos, da el siguiente resultado:

Compás 1: a) El fa♯ corchea ligado con una blanca con puntillo (sin
tener en cuenta la semicorchea ligada del siguiente compás) podría
reunirse en una sola figura: ♩.. ; *b)* si se coge el valor total de este fa ♯
(♪♩.♪) también podría reunirse en una sola figura: ♩..., pero si se
escribe de esta manera no se tiene conciencia visual de los diferentes niveles métricos, haciéndose más difícil su interpretación. Por lo
tanto, en pro de una escritura clarificadora se tendría que escribir
de la manera que lo hizo Varèse (¡no podía ser de otra manera!).

Compás 9: el re♭ corchea ligado con una blanca y con otra corchea,
también podría reunirse en una ♩., pero en el lugar en el que se encuentra dificultaría su interpretación.

139. *Reunión de valores en grupos lógicos (E. Varèse,* Density 21.5 para flauta sola,[55] *compases 1-15).*

Compás 15: ocurre como en el compás 9, pero aquí la figura en la que podría reunirse toda la ligadura de la nota fa♮ es una blanca.

En el ejemplo 140 se puede observar el cálculo de las equivalencias de las ligaduras estudiadas en el ejemplo 139.

Existen ligaduras que no terminan en una nota y, por lo tanto, que se encuentran sin terminación; eso significa que hay que dejar vibrar el sonido con toda su duración.

En los compases 254 y 256 del ejemplo 141 se puede observar cómo se escriben las ligaduras sin terminación. Estas ligaduras se encuentran en las partes de la percusión (Beck. Y Tamt.) y en el arpa (Hf.).

En la música escrita a partir del siglo XX, cuando se tienen que escribir notas ligadas, a menudo no se escribe toda la ligadura, sino que solamente se insinúa, como puede verse en la parte de las cuerdas y del címbalo suspendido (los seis pentagramas inferiores) de la obra de O. Messiaen *Chronochromie* (ejemplo 142).

Los silencios no disponen de ligaduras de prolongación rítmica, simplemente la interpretación de dos o más silencios seguidos ya indica una prolongación resultante equivalente a la suma de los mismos.

Un apunte final: no hay que confundir la ligadura de prolongación rítmica, que suma la duración de los sonido de dos notas, con la ligadura de fraseo o de expresión (también llamada *arco de ligadura*), la

a) Compás 1

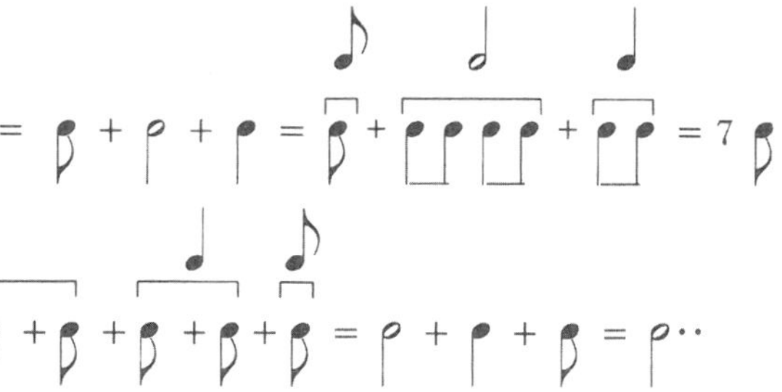

b) Compás 1

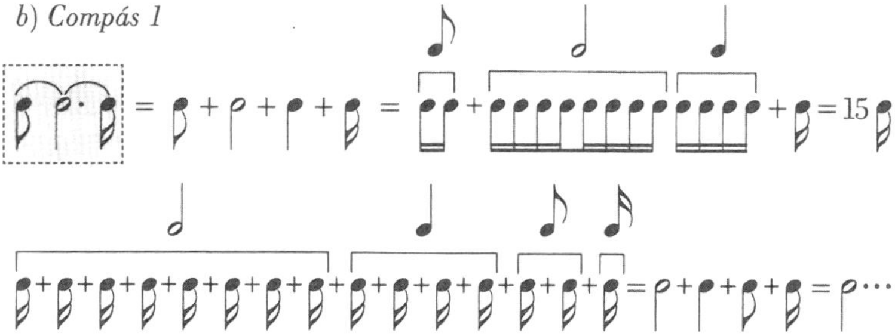

c) Compás 9

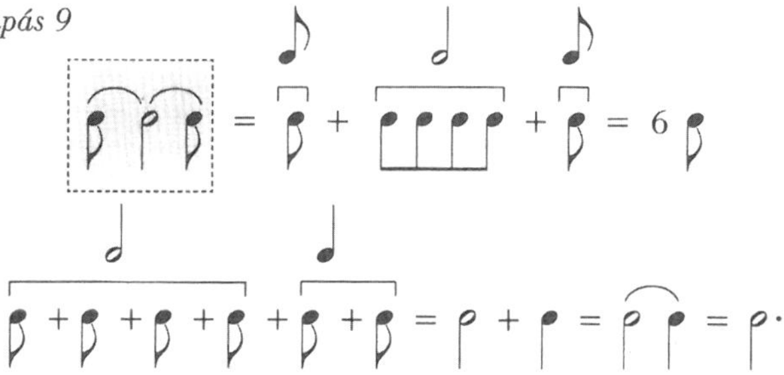

d) Compás 15

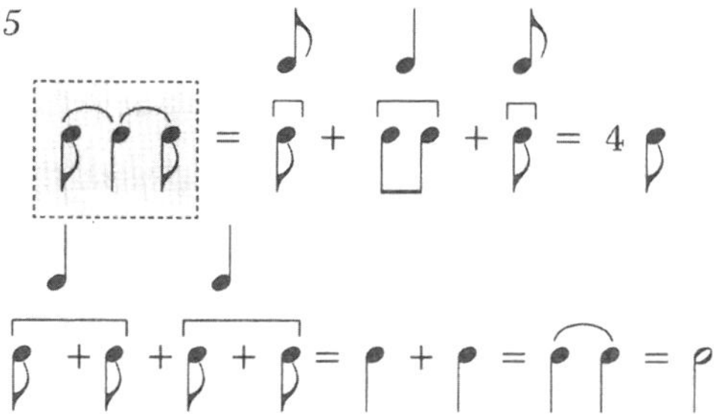

140. *Cálculo de las equivalencias de las ligaduras del ejemplo 135.*

cual une dos notas de distinto sonido o abarca varia notas o silencios y da una indicación de expresión.

141. *Ligaduras sin terminación (A. Berg, Concierto para violín A la memoria de un ángel, «Andante-Allegretto (I)» compases 249-257).*

142. *Escritura especial de la ligadura de prolongación rítmica en una obra del siglo* XX *(O. Messiaen, Chronochromie, «Antistrophe II [III]», n.º 62 de ensayo).*

El puntillo

Es un punto que se coloca detrás de una nota o de un silencio, es decir a su derecha, y tiene el efecto de aumentar el valor de esa nota en la mitad de lo que marca su figura. Por lo tanto, una figura de sonido con puntillo equivale, en cuanto a duración temporal, a la propia figura ligada con otra de la mitad de su duración. Con una figura de silencio con puntillo ocurre lo mismo: es equivalente a la suma de la propia figura de silencio con otra de la mitad de su duración. Como consecuencia de lo dicho anteriormente, una figura de sonido o de silencio con puntillo equivale a tres de las figuras de igual valor que el puntillo (ejemplo 143).

Matemáticamente, nada impide la adición de varios puntillos a una figura, pero en la práctica no se usan más de tres juntos. La figura recibe el complemento nominal *doble puntillo* o *triple puntillo* (como, por ejemplo, *blanca con doble puntillo*).

Cada puntillo significa la adición de la mitad del valor anterior, de modo que el segundo puntillo aumenta la figura en la mitad del primer puntillo y el tercero en la mitad del segundo.

Por lo tanto, una figura con doble puntillo equivale a siete de las figuras que representa el último puntillo, y una con triple puntillo equivale a quince.

a) **Figuras de sonido**

b) **Figuras de silencio**

143. *Equivalencia de las figuras con puntillo.*

144. *Muestra de las equivalencias de las figuras de sonido y de silencio con doble y triple puntillo (solamente se dan dos ejemplos de figuras con doble y con triple puntillo, entendiendo que el lector puede calcular las demás figuras siguiendo la práctica del ejemplo 143).*

La misma figura con puntillo o puntillos, puede tener distintos significados en función de su colocación dentro del compás. Atendiendo a lo anterior, cuando una figura con puntillo o puntillos no llega a completar el valor de una o varias unidades del nivel métrico correspondiente a la figura se dice que tal o tales puntillos son *de prolongación.*

Obsérvese una muestra del uso del puntillo (en este caso, un puntillo de prolongación) en las figuras de silencio en el ejemplo 145 a y b (la Novena sinfonía de Beethoven). En parte del segundo tiempo del compás 16 aparece un silencio de semicorchea con pun-

tillo en las trompetas (2 Tr.), en los Timpani (Timp.) y en los contrabajos (Cb.).

145 a. *Figuras con puntillo de prolongación (Beethoven, Novena sinfonía en re*
menor, Op. 125, «Molto vivace II», compases 1-8).

145 b. *Figuras con doble puntillo de prolongación (Beethoven, Novena sinfonía en re menor, Op. 125, «Allegro, ma non troppo, un poco maestoso, I», compases 16-22).*

Puede observarse otra muestra de figuras con puntillo de prolongación en la parte de la voz del ejemplo 49.

Por el contrario, cuando una figura con puntillo o puntillos completa el valor de una o varias unidades del nivel métrico correspondiente
a la figura, se dice que tal o tales puntillos son *de complemento*.

146 a. *Figuras con puntillo de complemento (F. Chopin, Étude Op. 25 n.º 5, compases 106-109).*

146 b. *Figuras con doble puntillo de complemento (O. Messiaen, Quatour pour la
fin du temps, «VIII-Louange à l'Immortalité de Jesús», compases 1-2).*

En algunas ocasiones es posible encontrar el uso de puntillos de
prolongación y de complemento en una misma idea musical.

Un ejemplo que puede ilustrar esto muy bien se encuentra en los
primeros compases de la «Marcha fúnebre (II)» de la Tercera sinfonía
en mi ♭ mayor, *Heroica,* de Beethoven.

Al comienzo de la partitura (anacrusa y primer compás) los puntillos de las figuras del primer violín son de prolongación, mientras que
los del tercer compás son de complemento.

Aún menos frecuente es encontrar repetida en un mismo compás la
misma figura con puntillo siendo en un caso de prolongación y en el
otro de complemento, como ocurre en el compás 318 del ejemplo 147.

En la primera negra con puntillo de este compás, interpretada por
los trombones (Pos.) y la tuba (Btb.), el puntillo que aparece es de
prolongación, ya que necesita de la siguiente corchea para completar
el segundo tiempo del compás.

Por el contrario, el puntillo que aparece en la última parte del compás es de complemento, porque es el valor que le falta a la negra para completar todo el compás.

147. *Uso del puntillo de prolongación y de complemento en un mismo compás (G. Mahler, Sinfonía n.º 9, primer movimiento, compases 316-323).*

Cuando una figura con puntillo de complemento equivale a dos o a cuatro tiempos de un compás compuesto, su división, hasta llegar al nivel métrico 1.1 (tiempo) incluido, es binaria, siendo ternaria en los niveles inferiores (1.2 [partes del tiempo] y 1.3, etc. [subdivisiones]). En los casos en que una figura con puntillo tenga que dividirse en dos figuras de la mitad de duración, cada una de ellas también llevará puntillo.

148. *División en un compás compuesto de una figura con puntillo en dos figuras con puntillo (F. Chopin, 24 préludes, Op. 28 n.º 22 en sol menor, «Molto agitato», compases 40-41).*

En los compases 40 y 41 del ejemplo 148 se observa que como consecuencia de tratarse de un compás compuesto $\frac{6}{8}$, la blanca con puntillo se divide en dos negras con puntillo, y no en una blanca ligada con una negra.

Divisiones artificiales

Musicalmente, es posible cualquier división o equivalencia de las figuras musicales, tanto de sonido como de silencio.[56] Hasta el momento se han presentado las divisiones que derivan de las figuras existentes (divisiones naturales), en las cuales el valor de cada nota es el doble de la inmediatamente posterior en un orden de mayor a menor (véanse los ejemplos 44 y 45).

Con estas equivalencias naturales no se pueden escribir todas las divisiones posibles de una figura musical. Para que sea posible se hace necesario el uso de las divisiones artificiales, las cuales se realizan mediante los llamados *grupos artificiales*.

La notación de estas divisiones suele hacerse con un corchete o una ligadura, que acota, por encima o por debajo, la agrupación de las figuras.

Siempre se indica el número de figuras colocando una cifra en el corchete o en la ligadura que acompaña al grupo artificial, y cuando

éste carece de corchete o ligadura se pone la cifra junto al grupo de
figuras (en las ediciones de partituras de piano no hay que confundir
las cifras de los grupos artificiales con las de la digitación, que normalmente están anotadas con una tipografía diferente).

149. *Notación de las divisiones artificiales, el uso de los corchetes, las ligaduras y
las cifras.*

Grupos artificiales deficientes y excedentes

Por propia definición, las figuras que constituyen un grupo artificial
jamás tienen el valor de su suma, sino que tienen el de la división natural superior o inferior, dependiendo del contexto.

Se conoce con el nombre de *grupos artificiales deficientes* (o simplemente *grupos deficientes*) aquellos grupos artificiales que tienen el
valor de la división natural superior, es decir, que contienen un número menor de figuras que su equivalente natural (es decir, el grupo
natural formado por la misma figura).

Dichos grupos se emplean generalmente cuando representan ínte-
gramente el valor de una unidad a la que le corresponde una figura
con puntillo. De modo que el uso de los grupos deficientes se reser-
vará para los compases compuestos y sus tiempos, así como para
aquellos grupos artificiales que tengan un valor de duración equivalente a la totalidad de un compás ternario simple.

En el ejemplo 150 puede observarse la notación de los grupos artificiales deficientes, que es de uso general en las unidades con una
división natural ternaria.

Hay que hacer unas cuantas reflexiones en referencia a lo expuesto en este ejemplo:

• En los grupos artificiales de cuatro y cinco notas, al ser deficientes, las figuras usadas deben ser del mismo tipo que las del grupo
  natural de seis notas. En las obras de Chopin,[57] las figuras usadas
  para escribir estos grupos son las mismas que se usan para el grupo natural de tres notas (véanse los ejemplos 157 y 159).

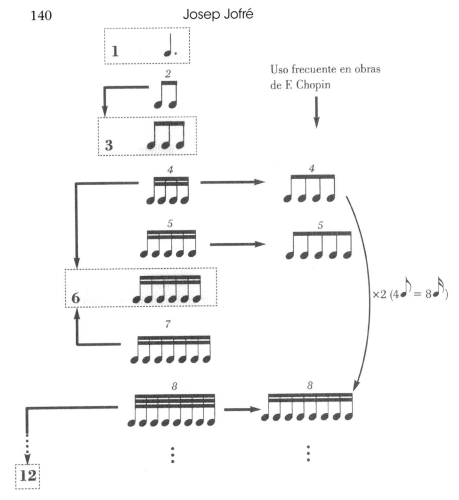

150. *Grupos artificiales deficientes.*

- En el grupo artificial de siete notas, la figura que se usaría (al ser deficiente) tendría que ser la misma que la del primer grupo natural mayor que ella, o sea, el grupo de doce notas. Por lo tanto, la figura con la que se tendría que escribir este grupo sería la fusa. Pero en la práctica musical, el uso generalizado del grupo artificial de siete notas (en una unidad con división natural ternaria), es en relación al grupo natural de seis notas y, por lo tanto, las figuras usadas para la notación del grupo son las mismas que las del grupo de seis notas (en este caso, semicorcheas).
- A partir de los grupos de ocho notas, la relación siempre se establecerá con la división natural formada por el grupo de doce notas,

con lo que las figuras usadas serán las mismas que las del grupo de doce (fusas en este caso).

Otra vez más, el uso de estos grupos en Chopin, se hace con frecuencia en relación a los grupos de seis notas, usando las figuras de éstos (semicorcheas en este caso).

Por el contrario, los grupos artificiales que tienen el valor de la división natural inferior, es decir, que contienen un número mayor de figuras que su equivalente natural, o son conocidos como *grupos artificiales excedentes* (o *grupos excedentes*).

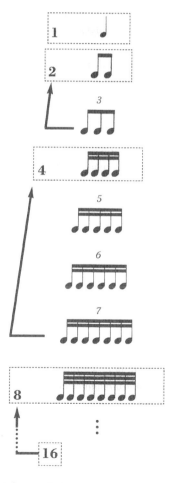

151. *Grupos artificiales excedentes.*

Dichos grupos se emplean en todos los casos donde *no* representan el valor de una unidad a la cual le corresponde una figura con puntillo.

Grupos artificiales de equivalencia fija y variable

Aún hay que hacer otra consideración antes de entrar en el estudio detallado de los principales grupos artificiales.

Una unidad natural puede ser dividida en mitades (compás simple de raíz binaria,[58] compás compuesto binario y cuaternario,[59] tiempo de un compás simple, divisiones y subdivisiones) o en tercios (compás ternario y tiempo de un compás compuesto).

Todos aquellos grupos que indican una división artificial de una unidad natural en mitades o tercios son de equivalencia fija.

Los que dividen artificialmente en mitades (dosillo, cuatrillo, octavillo, grupos de 16, 32… notas), lo hacen a partir de una unidad que de forma natural se divide en tercios y que está representada por una figura con puntillo. Los que dividen artificialmente en tercios (tresillo, seisillo, grupos de 12, 24… notas,) lo hacen a partir de una unidad que de forma natural se divide en mitades, es decir, a partir de una figura sin puntillo.

Todos los demás grupos (cinquillo, septillo y grupos de 9, 10, 11… notas) pueden dividir artificialmente las dos clases de unidades naturales aludidas (las que se dividen en mitades y las que se dividen en tercios), y por lo tanto tienen equivalencias en ambas.

Como consecuencia de lo dicho en este apartado se deduce el aspecto unificador de los grupos artificiales en relación a los tiempos de un compás simple y compuesto.

Es decir, cualesquiera que sean los valores y las figuras que integren un tiempo de un compás simple (división natural binaria), mediante el uso de grupos artificiales podrán escribirse en un compás compuesto (división natural ternaria), conservando exactamente el mismo valor.

En el ejemplo 152 puede observarse el uso de grupos artificiales para que un fragmento musical escrito en un compás simple pueda escribirse en uno compuesto y que sea exactamente igual.

Se observa como los tresillos de los compases simples en los compuestos se convierten en grupos naturales, mientras que los grupos naturales de los compases simples se convierten en los compuestos en dosillos y cuatrillos. El cinquillo se mantiene igual, tanto en el compás simple como en el compuesto. En el penúltimo compás se debe mantener el tresillo de semicorcheas, ya que no se trata de una unidad de tiempo, sino de una división del mismo, y como tal se tendría que dividir en dos semicorcheas, pero como está dividido en tres, la división es siempre artificial. Las figuras que ocupan todo un tiempo en los compases simples (negra) se convierten en negra con puntillo al pasar a los compases compuestos.

152. *I. Stravinsky*, Le sacre du printemps, «*Introducción, solo de fagot*». *Arriba, en compás simple (original); abajo, en compás compuesto.*

Lo mismo sucede cuando se quiere escribir en un compás simple lo escrito en uno compuesto.

153 *C. Debussy*, Prélude à «L'Après-midi d´un Faune», «*Très modéré*», *solo de flauta. Arriba, en compás compuesto (original); abajo, en compás simple.*

En el ejemplo 153 se observa el proceso contrario al mostrado en el ejemplo 152. Aquí las negras con puntillo se convierten en negras al pasar al compás simple; por lo demás, hay que hacer uso de los tresillos para pasar los grupos de tres corcheas de los compases compuestos. Y, como ocurría en el ejemplo 152, la notación de los grupos artificiales de las divisiones de unidades de tiempo no varían.

Al pasar de compás simple a compuesto y viceversa, los grupos de equivalencia variable no cambiarán de un compás a otro, mientras que los de equivalencia fija dependerán del cambio: cuando el cambio sea de un compás simple a uno compuesto, se usarán aquellos grupos artificiales de equivalencia fija que dividen la unidad natural en mitades (dosillo, cuatrillo, etc.), mientras que si es a la inversa, los grupos artificiales de equivalencia fija usados seran los que dividen la unidad natural en tercios (tresillo, seisillo, etc.).

Principales grupos artificiales

Dosillo

* Es un grupo artificial deficiente de equivalencia fija.
* Se usa exclusivamente para obtener la división binaria de un tiempo de un compás compuesto o de un compás ternario.
* Equivale a tres figuras de las que integran el grupo.

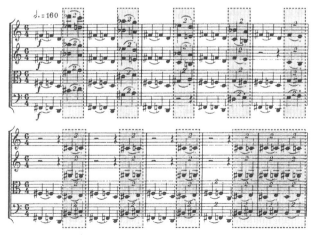

154. *Uso de dosillos de negras en un compás de* $\frac{6}{4}$ *(B. Bartók, segundo movimiento del Segundo cuarteto de cuerda, Op. 17, compases 559-568).*

Tresillo

- Es un grupo artificial excedente de equivalencia fija.
- Se usa para obtener la división ternaria de cualquier unidad natural métrica a la cual le corresponda una figura sin puntillo.
- Equivale siempre a dos figuras de las constitutivas del grupo.

155. *Uso generalizado del tresillo de corcheas en un compás de* $\frac{4}{4}$ *(G. Mahler, Sinfonía n.º 9, primer movimiento, compases 192-195).*

Cuatrillo

- Si se analiza desde el punto de vista de su división natural respecto al dosillo, el cuatrillo es un grupo artificial deficiente de equivalencia fija, que equivale a seis figuras de las que constituyen el grupo.

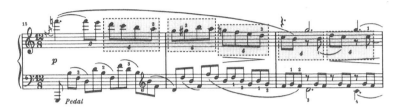

156. *Uso del cuatrillo de corcheas como grupo deficiente, equivalente a seis corcheas en un compás de* $\frac{12}{8}$ *(R. Schumann, Fantasie para piano en do menor, Op.17, «III Langsam getragen», compases 15-17).*

Esta manera de entender el cuatrillo [60] se corresponde con el uso habitual de los compositores, aunque otros interpretan el cuatrillo como un grupo artificial excedente de equivalencia fija, y lo hacen equivaler a tres figuras de las que constituyen el grupo.

157. *Uso del cuatrillo de corcheas como grupo excedente, que equivale a tres corcheas en un compás de* $\frac{6}{8}$ *(F. Chopin, Nocturno, Op. 9 n.º 3 en si mayor).*

Para que en el caso del Nocturno fuera un grupo artificial deficiente de equivalencia fija se escribiría con semicorcheas (♪♪♪♪).
4

Cinquillo o quintillo

- Es un grupo artificial de equivalencia variable. Equivale a seis de las figuras del grupo cuando éste vale una unidad de tiempo cuya división natural es ternaria.
- Si el cinquillo equivale a una unidad cuya división natural es binaria, entonces el grupo equivale a cuatro de las figuras constitutivas del mismo.

158. *Uso del cinquillo de semicorcheas, equivalente a una negra, en un compás de* $\frac{4}{4}$
(A. Bruckner, Sinfonía n.º 8 en do menor, «III Adagio» compases 15-17).

Al igual que ocurría en el caso del cuatrillo, Chopin usa el cinquillo en un compás compuesto, como grupo excedente, y lo hace equivaler a un tresillo de corcheas, con lo que dicho cinquillo será de corcheas y no de semicorcheas, como sería de esperar.

159. *Uso del cinquillo de corcheas como grupo excedente en un compás de* $\frac{6}{8}$ *(F. Chopin, Nocturno en si mayor, Op. 9 n.º 3, compases 9-11).*

Seisillo o sextillo

* Es un grupo artificial excedente de equivalencia fija.
* Se usa en aquellas unidades de tiempo cuya división natural es binaria.
* Equivale a cuatro figuras de la misma especie de las que constituyen el grupo.

160. *Uso del seisillo de semicorcheas, equivalente a una negra en el compás* $\frac{6}{4}$ *(F. Liszt, A Faust symphony, «I Faust», letra I de ensayo).*

Septillo

- Es un grupo artificial excedente de equivalencia variable.
- Equivale a seis de las figuras del grupo cuando éste vale una unidad de tiempo cuya división natural es ternaria.
- Si, por el contrario, equivale a una unidad cuya división natural es binaria, entonces el grupo equivale a cuatro de las figuras constitutivas del mismo.

161. *Uso de un septillo de fusas equivalente a una corchea compás* $\frac{2}{4}$ $\left(\frac{4}{8}\right)$ *(F. Liszt, La leyenda de santa Elisabeth, «Llegada de Elisabeth a Wartburg», compases 130-134).*

Octavillo

- Es un grupo artificial deficiente de equivalencia fija.
- Se usa en las unidades de tiempo cuya división natural es ternaria.
- Equivale siempre a doce de las figuras que forman el grupo (ej. 162).

Grupos de 9, 10 y 11 notas

- Son grupos artificiales de equivalencia variable.
- Equivalen a doce de las figuras del grupo cuando éste vale una unidad temporal cuya división natural es ternaria y, por lo tanto, en este caso serán grupos artificiales deficientes.

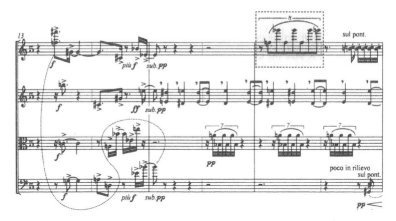

162. *Uso del octavillo de corcheas, equivalente a una blanca con puntillo en un compás* $\frac{5}{4}$ *(G. Kurtág, Quartetto per archi, Op. 1, V, compases 13-15).*

- Cuando equivalen a una unidad cuya división natural es binaria, el grupo artificial (excedente) equivale a ocho de las figuras constitutivas del mismo (ejemplos 163 y 164).

163. *Uso del grupo artificial de 9 notas equivalente a una negra en un compás* $\frac{3}{4}$ *(G. Kurtág, Quartetto per archi, Op. 1, IV, compás 40).*

Para clarificar la comprensión de los grupos artificiales, en la escritura de la música a partir del siglo XX se ponen dos cifras separadas por dos puntos. La primera indica el número de figuras del grupo irregular, mientras que la segunda indica la división natural que corresponde a dichas figuras (ejemplo 165).

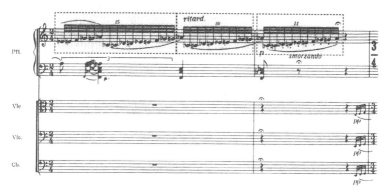

164. *Uso de los grupos artificiales de 10, 11 y 15 notas, equivalentes a una negra en un compás de* $\frac{2}{4}$ *(B. Bartók, Rapsodia para piano y orquesta, Op. 1, dos compases antes del n.º 2 de ensayo).*

165. *F. Ibarrondo, Itzak, para flauta, viola y guitarra compases 65-66.*

En el pentagrama inferior (guitarra) del ejemplo 165 puede observarse esta notación.

En los grupos donde aparece la relación 5:4 las cinco fusas escritas tendrán la misma duración que cuatro fusas (una corchea) en la división natural.

En los grupos en los que la relación es 10:8 se interpretará un grupo de diez fusas cuya duración es la que de manera natural le correspondería a un grupo de ocho fusas.

También se escriben de manera particular algunos grupos artificiales. En tales casos se usan figuras de menor tamaño, las cuales indican al intérprete que la medición de las notas no tiene por qué ser rigurosamente exacta.

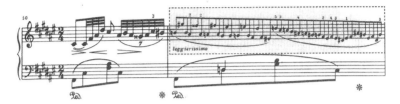

166. *Grupo artificial particular con las notas de menor tamaño que las demás (F. Chopin, Nocturno, Op. 15 n.º2, compases 50-51).*

Cómo último apunte, hay que señalar la posibilidad de dividir las notas integrantes de un grupo artificial por medio de grupos naturales o artificiales. Si se hace mediante estos últimos, habrá que señalar con una cifra cada uno de los grupos.

167. *Grupos artificiales dentro de un tresillo de corcheas en un compás $\frac{3}{4}$ (B. Bartók, Rapsodia para piano y orquesta, Op. 1, tercer compás después del n.º3 de ensayo).*

Repeticiones y abreviaturas

En este apartado se tratará de profundizar y ampliar más el conocimiento sobre la notación y el significado de las repeticiones y las abreviaturas.

En realidad, este apartado se podría englobar bajo el título de *abreviaturas*. Esto es debido a que la repetición de un fragmento, cuando se hace por medio de signos especiales, conlleva en sí misma una reducción de las notas escritas.

La lógica seguida en la nomenclatura, ha sido la siguiente:

* Llamar *repeticiones* a aquellos signos que tienen por misión la de dar la información de que todo un fragmento, o la mayor parte de él, debe repetirse.

* Reservar el término *abreviaturas* para los signos que informan de las repeticiones de pequeños elementos, las cuales no exceden de dos compases y no tienen un significado sintáctico completo.

Repeticiones

En el apartado dedicado al compás y al hablar de las barras divisorias del mismo se mencionó la doble barra de repetición, haciendo una pequeña incursión sobre su notación y significado.

Hasta el momento habíamos afirmado que la doble barra de repetición afectaba a todo el fragmento musical que incluía en su interior. Pero cuando queremos tocar solamente una vez uno o varios compases que preceden a la doble barra posterior de repetición, se acotan con un corchete horizontal en la parte superior del pentagrama, con la indicación 1.ª, 1.ª volta o 1.ª vez. También se coloca un corchete abierto por el lado derecho y con la indicación 2.ª, 2.ª volta o 2.ª vez, en el compás siguiente a la doble barra de repetición.

Para la ejecución de un fragmento que lleve estos signos se tendrán en cuenta los siguientes puntos:

* Se interpretará con normalidad todo el fragmento incluido en la o en las dobles barras de repetición. Cuando el fragmento se in-

terprete por segunda vez, al llegar al lugar en el que empieza el corchete con la indicación 1.ª, se pasará directamente al lugar de la partitura que tiene la indicación 2.ª, es decir, no se interpretará lo mismo que la primera vez, sino que se continuará con la música escrita a partir de la doble barra de repetición (véase el ejemplo 168).

• Cuando la intención del compositor es que haya varias repeticiones de un fragmento, se indica mediante un texto o cifras encima de la doble barra de repetición.

• Si en el fragmento que hay que repetir varias veces se quiere cambiar la última repetición, entonces en el primer corchete se ponen las cifran 1.ª, 2.ª, 3.ª, etc., dejando la última cifra para el segundo corchete.

Hay otro signo comúnmente usado en el capítulo de las repeticiones: es el signo de párrafo ℅. Cuando se presenta por segunda vez, indica que hay que volver al punto donde se ha visto por primera vez, y desde allí continuar la interpretación hasta el final o hasta la indicación que se dé.

Existen diferentes signos para indicar el concepto de párrafo. Los más comunes son los siguientes: ℅, ⊕, ⌀ y ✕; y, de estos cuatro, los que se han utilizado con mayor frecuencia son los dos primeros.

168. *Los dos signos de párrafo más habituales (Beethoven, 6 Ecossaises, WoO 83).*

La ejecución de la partitura del ejemplo 168 es la siguiente:

• Empieza la ejecución en la primera Ecossaise (1). En el compás 8
se encuentra una doble barra de repetición y, al no haber ninguna
con anterioridad, se debe repetir desde el comienzo. Al llegar en
la repetición al compás de 1.ª (compás 8), se salta al compás de
2.ª (compás 8b) y se continua la ejecución. En los compases 10 y
24 se encuentran los signos 𝄋 y ⊕, pero al no haber ninguna otra
indicación seguimos leyendo la partitura. A continuación empeza-
mos con la segunda Ecossaise (2), que se ejecuta con toda normalidad, hasta que en el final de la misma (compás 17) encontramos
el signo 𝄋 y debajo del pentagrama la siguiente indicación: *Del* 𝄋
al ⊕. Indica que debemos volver a ejecutar a partir del signo 𝄋 que
se encuentra en el compás 10 de la primera Ecossaise (1), hasta el
signo ⊕, que está colocado al final de la misma. Una vez se ha llegado a ⊕ se debe saltar a la tercera Ecossaise (3).

Cuando al llegar al final de una obra musical, o de un movimiento de ésta, se quiere volver a ejecutar desde el principio, se escribe al
final las palabras italianas *Da capo* (abreviado D. C.).

Cuando lo que se quiere repetir desde el inicio no es todo el movimiento, sino solamente una parte, entonces junto al *da capo* se indica
hasta dónde hay que llegar añadiendo información de la siguiente forma:

1. *Da capo al fine:* en cuyo caso se tendrá que repetir desde el principio hasta que aparezca la palabra *fine.*

2. *Da capo al segno* % o a *coda:* En cuyo caso la repetición llegará hasta el signo % (o cualquier otro) o a la coda, y luego saltará hasta donde se encuentre el fragmento de continuación, indicado por el mismo signo o la palabra *coda.*

En todos estos casos de repetición desde el principio, si no se indica lo contrario, no se interpretarán las repeticiones internas que se hicieron la primera vez, y en el caso de que hubiera corchetes indicadores de 1.ª y 2.ª, solamente se interpretará el de 2.ª (o el último, si fueran varias las repeticiones).

169. *Combinación de varios signos de repetición (L. LLach,* I amb el somriure, la revolta*).*

Abreviaturas

Se podrían clasificar las abreviaturas en dos grandes apartados, las que se usan para la repetición de algún elemento y las que se usan para la supresión de notas.

Abreviaturas para la repetición de notas

En ocasiones, en una partitura lo que se repite no es un fragmento largo de música, sino simplemente una nota o un grupo de notas. Si sucede esto hay dos posibilidades para escribirlo: la primera es anotar todas las notas en un proceso de escritura normal; la segunda, la cual da sentido a este estudio, es usar una serie de signos que permitan entender la información dada, pero sin tener que apuntar nota por nota. Tales signos constituyen, en la ortografía musical, las abreviaturas.

Se trata de ver dónde y de qué manera se han usado estos signos de abreviatura en la literatura musical. Normalmente su uso se da en los siguientes casos:

- En la repetición sucesiva de notas del mismo valor.

En este caso se ponen una o dos barras (indicadoras de las figuras musicales) encima o debajo de la nota y atravesando la plica, si la tiene. Significa que se subdivide el valor de la nota en las figuras expresadas por el número de barras superpuestas sumadas a las que ya tenga la nota (véase ejemplo 170).

Si se añade una cifra representativa de un grupo irregular, la subdivisión se hace conforme al grupo artificial indicado por la cifra; es decir, el tipo de figura vendrá determinado por el número de barras, mientras que la cifra indicará el número de figuras.

A veces la notación es más precisa, y se añade una serie de puntos encima de las notas. El número de puntos indica las veces que hay que repetir cada nota.

- En los trémolos.

Cuando lo que se quiere indicar es la repetición lo más rápida posible de las notas, se usa lo que se denomina *trémolo*. La abreviación usada consiste en tres barras colocadas de la misma manera que en la repetición sucesiva de notas del mismo valor (véase ejemplo 171).

M. P. Belaieff

170. *Signos de abreviatura correspondientes a la repetición sucesiva de notas del mismo valor (N. Rimsky-Korsakov, Tercera sinfonía en do mayor, Op. 32, IV, compases 80-86).*

171. *Uso del trémolo en las cuerdas (A. Bruckner, Sinfonía n.º 9 en re menor,*
«Ifeierlich Misterioso», compases 53-58).

- En la repetición alternativa de dos notas de igual valor *(batimiento).*
Cuando lo que se quiere indicar es que la repetición no es de una sola
nota, sino que se lleva a cabo con dos notas que se van alternando entre sí. En tales casos, se ponen las barras entre las dos notas y si po-
seen plicas, hacia el extremo de éstas (ejemplo 172).

En la notación de estas barras añadidas (abreviaturas), hay que tener en consideración algunos parámetros:

1. Cuando se trata de dos redondas, con o sin puntillo: en tal caso
   las barras se ponen entre las dos figuras, sin llegar a tocar las
   notas.
2. Cuando se trata de dos blancas, con o sin puntillo: las barras se
   ponen entre las dos plicas y en el extremo de éstas. Generalmente
   sin tocarlas, aunque en este caso pueden hacerlo.
3. Cuando se trata de figuras con la cabeza negra (negras, corcheas, etc.):
   – Si son negras, se colocan las barras entre las dos notas y en
     los extremos de las plicas, pero sin tocar éstas.
   – Si son corcheas o figuras más pequeñas, las barras indicado-
     ras de la abreviatura se colocan, sin tocar la plica, entre las
     que tienen las dos notas y las cabezas de éstas.

172. *Uso de los* batimentos *en diversas figuras musicales (B. Bartók, Concierto
para orquesta, II «Giuoco delle coppie», compases 92-99).*

• En la repetición sucesiva de notas y de acordes con valores desiguales.
Cuando se quiere indicar una nota o un acorde repetido, pero que tienen ritmos diferentes, se puede escribir mediante abreviaciones; estas

abreviaciones consisten en escribir tan solamente la plica de la nota, sin la cabeza.

173. *Repetición*
sucesiva de acordes
con valores
desiguales;
arriba, escrita
con abreviaturas;
abajo, tal como
se ejecuta.

Con esta abreviación también se puede indicar un grupo de acordes que se alternan de forma regular, pero cuya estructura rítmica es irregular.

174. *Repetición sucesiva de un grupo*
de dos acordes con alternancia regular
y ritmo irregular.

• En los compases o fragmentos de compases iguales.

Si lo que se pretende es repetir idénticamente el compás anterior se usa el signo ⁒ colocado en el centro del compás.

Cuando dicho signo se coloca sobre la barra de compás afecta a dos compases, e indica que ambos deben repetirse.

Cuando la repetición idéntica no afecta a todo un compás, sino a un fragmento del mismo, los signos usados son los siguientes: // y /, e indican que el tiempo o grupo de tiempos donde están son iguales al anterior (ejemplo 175).

En algunas ocasiones este tipo de abreviaciones, que indican la repetición de pequeños grupos de notas, son sustituidas por la palabra *Simile.*

Como conclusión a este apartado, obsérvese una muestra de las abreviaciones más usadas en el ejemplo 176.

175. *Signos de repetición de compases (a) y de tiempos (b) (G. Gershwin, «Summertime», de* Porgy and Bess*).*

176. *Abreviaturas más usadas y su interpretación.*

Abreviaturas para la supresión de notas

Se usan principalmente para indicar *glissandos* y portamentos. El *glissando (gliss.)* indica un deslizamiento (continuo o discontinuo) de una nota a otra, y el portamento *(portando)*, indica que el deslizamiento hacia la segunda nota es rápido y se ejecuta justo antes del ataque de ésta. Así, pues, un portamento sólo se podrá realizar en instrumentos en los que el sonido no es fijo, es decir, en instrumentos con los que se puede intercalar alturas de sonido entre dos notas separadas por un semitono. En el caso de los instrumentos de sonido fijo (piano, arpa, etc.) el resultado sonoro del *glissando* es como el de una escala ejecutada muy rápidamente. Si los instrumentos no son de sonido fijo (algunos de cuerda, viento y membrana), el efecto del *glissando* es un cambio de afinación continuo y sin notas definidas. Se indica mediante una raya oblicua que se coloca entre las dos notas, que generalmente están ligadas.

Obsérvese el uso de los *glissandos* en instrumentos de sonido no fijo en la parte segunda y tercera del divisi de violines II del ejemplo 172 y el uso en instrumentos de sonido fijo en la parte del piano (Pfte) y el arpa del ejemplo 177.

La expresión musical.
Elementos para la interpretación y el fraseo

El interpretar con precisión las alturas y las duraciones de los sonidos no es suficiente para mostrar todo su significado. Como ayuda para ir completando la información se usan los signos de expresión musical.

177. *Uso de glissandos en el arpa y el piano (Pfte.) (B. Bartók, Música para instrumentos de cuerda, percusión y celesta, «III Adagio», compás 40).*

Existen signos de diferente índole que tienen influencia sobre los siguientes elementos de la música:

• El movimiento o *tempo*: el grado de velocidad con que deben interpretarse cada una de las notas de una obra.

- El carácter: el sentimiento requerido por una idea musical (alegría, brillantez, delicadeza, bravura, dolor...).
- El matiz: la dinámica del sonido (fuerte, suave...) y su gradación (creciente, decreciente...).
- Los signos de ataque. La acentuación y la articulación: la manera especial con que la nota es atacada.
- Las notas de adorno: ornamentaciones de las notas que de manera más o menos sistematizada alteran la expresividad de una obra musical.

Aunque en la actualidad la tendencia es usar las lenguas de los diferentes países para las indicaciones de expresión (tendencia que empezó con los nacionalismos musicales), el italiano era antiguamente la lengua más usada para dichas indicaciones, y su uso se generalizó en el siglo XVII.[61]

El hecho de que aún hoy siga viva esta tendencia a usar la lengua italiana para la terminología musical referente a los elementos de expresión, es debido a que a lo largo de la historia se han usado con mucha persistencia las abreviaturas italianas que indican dichos elementos. Debido a este uso persistente, estas abreviaturas han llegado a convertirse en signos independientes a los que se les atribuye un significado propio.

Si tomamos como ejemplo los signos *p*, *f*, *sfz* y *fp*, se puede observar que son usados internacionalmente y, aunque provengan del idioma italiano, han adquirido significado propio por su diseño gráfico.

En el caso del *p*[62] es clarísima esta independencia del signo gráfico respecto a la abreviación de la palabra italiana de la que proviene; *p* es la abreviación de *piano*, y significa «suave».

Para indicar *pianissimo* o *pianissisimo*, no se usan abreviaciones de las dos palabras, sino que se usan los signos *pp* y *ppp* respectivamente, lo cual implica que dichos signos derivan directamente de *p*, otorgando a esta abreviatura una grafía generadora de significado.

Además del uso de la terminología italiana o derivada de ella, es de suma importancia tener conocimiento de la terminología básica usada en alemán, la cual ayudará a la comprensión de muchas de las partituras de los compositores alemanes del siglo XIX y posteriores.[63]

El movimiento o *tempo*

En el capítulo de conceptos elementales se trató el valor relativo de la duración de las notas, es decir, de la duración de cada una de las notas en relación con las demás.

Esta relación de duración, que es invariable, no da ninguna información sobre la duración exacta de una nota en valor absoluto y sin comparación alguna con otra nota.

La duración absoluta de las notas viene determinada por la velocidad en la cual deben ejecutarse las mismas; sin esta velocidad (física y, por lo tanto, real), la duración de las notas sería un concepto abstracto.

Para designar la velocidad de ejecución de las notas, se emplea los términos de *movimiento* o *tempo*. Existen dos maneras de indicar el movimiento o *tempo:*

a) Las indicaciones metronómicas: muestran con exactitud la velocidad a la que el compositor quiere que se interprete su obra.

b) Los términos de movimiento: dan una idea subjetiva de la velocidad en que deben ejecutarse las notas de una partitura. Estas indicaciones se hacen mediante el uso de una o varias palabras, generalmente en italiano, al comienzo de una obra (o de una parte de ella).

Su efecto permanece hasta que se termine la obra o fragmento, o hasta que se encuentre otro signo que indique una variación o progresión del *tempo*.

Al no indicar una velocidad exacta, sino una horquilla de velocidad, la interpretación de una obra cuya indicación de *tempo* venga determinada por los términos de movimiento puede variar según el contexto y la interpretación del músico.[64]

Como ya se ha indicado, para poder medir con exactitud la velocidad con que un compositor quiere que se interprete su obra, se hace imprescindible el uso del metrónomo.

El metrónomo, construido en 1816 por el inventor alemán Johann Nepomuk Maelzel (1772-1838), es un artefacto con un péndulo que oscila a intervalos regulares que se pueden establecer de antemano.[65]

El metrónomo mide las oscilaciones por minuto, por lo que las cifras que encontramos escritas en él indican las pulsaciones que se dan durante un minuto.

Por ejemplo, si se pone el péndulo donde está indicada la cifra 60, se producirán sesenta oscilaciones en un minuto, o lo que es lo mismo, una oscilación cada segundo.

Para indicar la velocidad a la cual se tiene que interpretar una pulsación, se escribe la nota equivalente a esta pulsación y la cifra que indique el número de pulsaciones que se deberán producir en un minuto, de esta manera se puede escribir de una forma totalmente exacta el movimiento de una pieza.

Tomemos como ejemplo $\downarrow$ = **60**; eso significa que en cada minuto se ejecutarán sesenta negras, con lo que cada negra durará exactamente un segundo.

A veces se añade a la indicación metronómica las iniciales M. M., que significan metrónomo Maelzel (M. M. $\downarrow$ = **60**).

Aunque el metrónomo sea un excelente instrumento por su precisión, presenta algunos inconvenientes en el momento de interpretar una obra musical.

La música no siempre se interpreta con rigor matemático, existen varios factores que hacen que la interpretación rigurosa con una metronomización exacta no sea del todo recomendable.

Estos factores pueden ser de carácter interno, como las inflexiones que permitan a la música poder «respirar», o de carácter externo, como la elección de una metronomización más alta o baja en función, por ejemplo, de la acústica de la sala donde debe interpretarse la obra.

Las indicaciones metronómicas deben considerarse como indicadores, y por ello hay compositores que añaden después de la cifra indicadora del movimiento metronómico la palabra *aproximadamente* (por ejemplo: $\downarrow$ = **84** *aprox.*), o que indican esta aproximación estableciendo un margen en la indicación metronómica (por ejemplo: $\downarrow$ = **84-92**).

Una cuestión importante que se debe tratar en referencia a las indicaciones metronómicas es cuándo existen cambios de *tempo* o cambios de compás (o ambas cosas) en una partitura musical. Estos cambios se indican mediante dos figuras, iguales o no, relacionadas entre sí por el signo = (ejemplo: $\downarrow$ = $\downarrow$.).

La relación entre las figuras es la que determinará si existe un cambio de *tempo*, o si hay un cambio de compás o ambos; se dan los siguientes casos:

1. Cuando las figuras son iguales.

En tales casos, la relación de igualdad va asociada a un cambio de compás con distinta unidad de tiempo, ya que la duración de las figuras ha de ser la misma y, en consecuencia, provoca un cambio de *tempo*. Aunque este cambio de movimiento se da dentro del mismo nivel métrico, fuera de éste (como, por ejemplo, cuando se subdividen o se agrupan los compases o cuando los dos compases tienen el mismo número de figuras) puede coincidir la pulsación interna de ambos fragmentos.

En tales casos se puede observar, por una parte, un cambio de *tempo* implícito y, por otra, al tener la misma cadencia de pulsación provoca un efecto psicológico (¡y real!) de la inexistencia de tal cambio.

178. *Indicación de relación metronómica con dos figuras iguales (L. Bernstein,* Halil, *compases 106-110).*

Del estudio del ejemplo 178 se puede concluir lo siguiente:

a) En el compás 109 el autor ha puesto una indicación de relación metronómica con dos figuras iguales (♪ = ♪), lo cual indica que la velocidad de la corchea tiene que ser la misma.

b) Los dos compases anteriores, el 107 y el 108, están en $\frac{7}{8}$ y $\frac{6}{8}$, respectivamente, y tienen una indicación metronómica de ♪=**72**, la cual informa de la velocidad de la corchea.

c) Observando el nivel métrico 1 (tiempo), la figura que representa a un tiempo en el compás 108 es la negra con puntillo (♩.), mientras que en el compás 109 es la negra (♩), con lo que en este nivel métrico se produce un cambio de *tempo*. Así, al ser las corcheas iguales, cada tiempo del compás 109 durará dos terceras partes de lo que dura un tiempo en el compás 108, de modo que un tiempo del compás 109 es más rápido que un tiempo del compás 108.

d) Cuando el estudio se hace en el nivel métrico 1.1 (parte del tiempo), se observa que la pulsación es idéntica tanto en el compás 108 como en el 109, ya que en ambos compases la figura representativa de este nivel métrico es la corchea, y al tener ésta una relación de igualdad, no se produce ningún cambio en la pulsación ni, por tanto, en el *tempo*.

2) *Cuando las figuras no son iguales.*
Pueden darse dos casos:

a) Cuando el cambio de figuras no va asociado a un cambio de compás, entonces supondrá un cambio de *tempo* (ejemplo 179).

b) Cuando el cambio de figuras vaya asociado a un cambio de compás, pueden darse, asimismo, dos casos:

• Que las dos figuras relacionadas representen, en cada uno de los compases, la unidad de un mismo nivel métrico. Cuando esto ocurra, no habrá cambio de *tempo* (ejemplo 180).
• Que las dos figuras relacionadas representen, en cada uno de los compases, unidades de distintos niveles métricos. Cuando esto ocurra, habrá cambio de *tempo* (ejemplo 181). Las indicaciones metronómicas no han suplantado a los términos de movimiento, que aunque son menos exactos son más expresivos. En la música antigua no se indicaban los *tempos* (*tempi*, en plural), sino que se consideraban implícitos en la obra. Mientras que durante el siglo XVIII la lengua más usada para los términos de *tempo* es la italiana. En la época moderna se ha ido imponiendo la tendencia de

usar las lenguas de los diferentes países y, más recientemente, añadir indicaciones metronómicas.

179. *Cambio de figuras sin cambio de compás (Manuel de Falla, El sombrero de tres picos, número 24 de ensayo de la danza final, jota).*

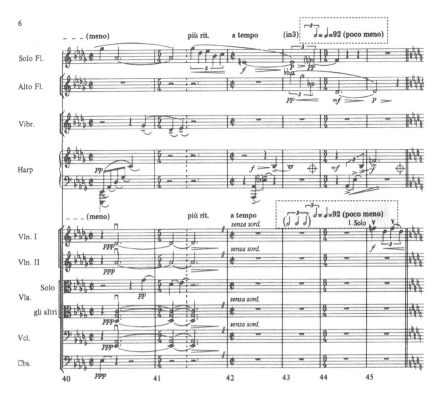

180. *Cambio de figuras con cambio de compás y sin cambio de* tempo *(L. Bernstein,* Halil, *compases 40-45).*

Los términos tradicionalmente empleados para indicaciones de movimiento se pueden dividir en cuatro grupos:

1. Los términos que indican un movimiento uniforme

Son aquellos términos que determinan un *tempo* fijo para una obra o un fragmento; el *tempo* deberá mantenerse mientras no se encuentre en la partitura alguna indicación que indique un cambio progresivo o súbito del mismo.

A continuación se muestran los principales términos de movimiento uniforme, clasificados de lento a rápido:

181. *Cambio de figuras, con cambio de compás y cambio de* tempo *(L. Bernstein, Halil, compases 72-77).*

1.1. Términos de movimiento lento [66]

Grave [67]	Grave, muy despacio (pesado)
Larghissimo	Muy despacio
Largo	Un poco más rápido que el *larghissimo*
Larghetto	Un poco más rápido que el *largo*
Lento	Lento
Adagio	Un poco más rápido que el anterior
Adagietto	Un poco menos lento que el *adagio*

1.2. Términos de movimiento intermedio

Andante (And^{te}) [68]	Tranquilo, bastante lento, pero en el sentido de andar, andando (*andare* significa «andar»)
Andantino (And^{ino})	Un poco menos lento que *andante*
Moderato (Mod^{to})	Moderado, más tranquilo que el *andantino*
Allegretto (All^{to})	Moderadamente animado y carácter alegre

1.3. Términos de movimiento rápido

Allegro (All⁰)[69]	Animado, alegre, aprisa
Vivace	Vivo, más rápido que el *allegro*
Presto	Rápido
Prestissimo (Prest^{mo})	Muy rápido

2. Los términos que indican una variación del movimiento

Los términos que indican una variación del movimiento, es decir, un aumento o una disminución de la velocidad, pueden ser de dos tipos: ꞌ

2.1 Variaciones progresivas del movimiento

Estas indicaciones permiten retardar o acelerar la velocidad de ejecución; normalmente están en italiano, pero como ya se ha reiterado varias veces, hay autores que usan su propia lengua para expresarlos (especialmente franceses y alemanes).

2.1.1. Términos usados para retardar progresivamente el *tempo*.

Allargando (allarg.)	Alargando, ampliando
Frenando	Frenando
Rallentando (rall.)	Moderando la marcha
Ritardando (ritard./rit.)	Retrasando, retardando
Ritenendo (riten.)	Reteniendo
Slargando (slarg.)	Ensanchando

2.1.2. Otros términos, además de retardar progresivamente el *tempo*, indican también una reducción progresiva de la intensidad.

Calando	Menguando, bajando, dejando caer poco a poco
Estinguendo	Extinguiendo
Mancando	Faltando
Morendo	Muriendo
Slantando	Aflojando
Svanendo	Desvaneciendo

2.1.3. Términos usados para acelerar progresivamente el *tempo*.

Accelerando (accel.)	Acelerando
Affrettando (affret.)	Apresurando
Pressando	Apresurando
Stringendo (string.)	Apretando

2.1.4. Existen otros términos que además de acelerar progresivamente el *tempo* (como los anteriores), indican una ampliación progresiva de la intensidad.

Animando (anim.)	Animando
Avvivando	Avivando
Incalzando (incalz.)	Acosando
Sempre più animato	Siempre más animado

2.2. Variaciones súbitas del movimiento

Al igual que para las variaciones progresivas del movimiento, se usa aquí la terminología italiana. Las indicaciones se usan para conferir mayor rapidez o lentitud al movimiento, y suelen estar precedidas de una doble barra. Se pueden encontrar dos maneras de variar súbitamente el *tempo* sin usar indicaciones metronómicas:

La primera consiste en usar un nuevo término (de los ya conocidos), el cual no tiene ni dependencia ni relación con el anterior, y que comporta una disminución o un aumento de la velocidad de las pulsaciones.

La segunda consiste en el uso de términos que hacen referencia a alguna indicación anterior.

A menudo se usan este tipo de indicaciones después de una variación progresiva del movimiento y, por lo general, van acompañadas por unos términos que amplían o reducen su efecto.

2.2.1. Términos que hacen referencia a una indicación anterior.

Ancor più	Todavía más
Assai	Bastante
Con moto	Con movimiento
Ma non troppo	No demasiado
Meno	Menos

Molto	Mucho
Mosso	Movido, animado
Non tanto	Pero no demasiado
Più	Más
Poco	Poco
Quasi	Casi
Sempre più	Siempre más
Sostenuto	Contenido, equivalente a *meno mosso*

2.2.2. Términos usados para indicar un movimiento más lento.

Più lento	Más lento
Rallentato	La marcha moderada
Ritardato	Retardado
Ritenuto	Retenido
Tratto	Arrastrado

2.2.3. Términos usados para indicar un movimiento más rápido.

Accelerato	Acelerado
Doppio movimento	Doble movimiento
Più presto	Más rápido
Più rapido	Más rápido
Più veloce	Más veloz
Ravvivato	Avivado
Ristretto	Estrecho
Stretto	Apretado

3. Términos que indican la suspensión de la regularidad del movimiento

Estos términos indican la suspensión de la regularidad del movimiento, otorgando al interprete una cierta libertad en su interpretación.

A capriccio	Caprichosamente
Ad libitum (ad lib.)	A voluntad
A piacere	A placer, sin rigor
Libero	Libre
Rubato (rub.)	«Robado», tiempo un poco libre

Senza misura	Sin compás
Senza rigore	Sin rigor
Senza tempo	Sin *tempo*
Tempo rubato	Movimiento «robado», un poco libre

4. Términos que restablecen el movimiento

Son términos que restablecen el movimiento tras alguna variación anterior del mismo, ya sea progresiva, súbita o por suspensión de su regularidad.

A batuta	A *tempo*, a tiempo
A tempo (a Tpo.)	A *tempo*, a tiempo. Vuelta al movimiento normal, después de un *accelerando* o de un *ritardando*
In tempo	A compás
In misura	A compás
L'istesso tempo	El mismo *tempo*, el mismo tiempo
Medessimo tempo	El mismo *tempo*, el mismo tiempo
Stesso tempo (lo)	Igual que *l'istesso tempo*
Tempo (Tpo.)	Vuelta al movimiento normal después de un *acelerando* o de un *ritardando*
Tempo giusto	Movimiento justo, exacto
Tempo primo (Tpo. 1.º)	Al primer *tempo*, movimiento del principio
Tempo ordinario	Movimiento normal
Tornando al tempo	Volviendo al *tempo*

El carácter

El carácter es la expresión de un determinado estado anímico, y se indica por medio de unos términos que se colocan al principio de una composición o durante el transcurso de ella, en función de si dicho término afecta a toda la obra o solamente a un fragmento de la misma.

Muchas veces el sentido de estos términos presenta estrecha relación con el movimiento, por lo que suelen acompañar a las indicaciones de *tempo*.

Sin embargo, puede omitirse el término referente al movimiento si el que se refiere al carácter expresa ambas cosas a la vez.

Estas indicaciones sólo están limitadas por la imaginación del compositor, con lo que cualquier lista que se de suele estar incompleta. A continuación se expone una lista de los términos italianos más usuales para la indicación del carácter.

A capriccio	A capricho
Affabile	Afable
Affettuoso	Cariñoso
Agitato	Agitado
Alla marcia	Con mucha marcha
Alla polaca	Como una *polonesa*
Alla tedesca	Como una danza alemana
Alla turca	A la turca
Amabile	Amable
Animato	Animado
Appassionato	Apasionado
Barbaro	Bárbaro
Brillante	Brillante
Cantabile	Cantable
Cantando	Cantando
Cantato	Cantado
Capriccioso	De manera caprichosa
Commodo	Cómodo
Con affetto	Con cariño
Con allegrezza	Con alegría
Con amore	Con amor
Con anima	Con alma
Con animo	Con ánimo
Con bravura	Con bravura
Con brio	Con brío
Con calma	Con calma
Con calore	Con calor
Con delicatezza	Con delicadeza
Con dolore	Con dolor, con duelo
Con espressione	Con expresión
Con fuoco	Con fuego
Con grazia	Con gracia
Con rabbia	Con rabia
Con semplicità	Con simplicidad

Con sensibilità	Con sensibilidad
Con sentimiento	Con sentimiento
Con spirito	Con espíritu
Con tenerezza	Con ternura
Con tristezza	Con tristeza
Deciso	Decidido
Delicatamente	Delicadamente
Delicato	Delicado
Disperato	Desesperado
Dolce	Dulce
Dolcissimo	Muy dulce
Doloroso	Doloroso
Dramático	Dramático
Energico	Enérgico
Expresivo	Expresivo
Flebile	Lloroso
Furioso	Furioso
Giocoso	Jocoso, alegre
Grazioso	Gracioso
Inocente	Inocente
Leggiero	Ligero
Lugubre	Lúgubre
Maestoso	Majestuoso
Malinconico	Melancólico
Marziale	Marcial
Mesto	Afligido, triste
Nobile	Noble
Ostinato	Obstinado
Patetico	Patético
Pesante	Pesado
Pomposo	Pomposo
Quasi una fantasia	Casi como una fantasía
Quieto	Quieto
Religiosamente	Religiosamente
Risoluto	Resuelto, decidido
Rustico	Rústico
Ruvido	Rudo, tosco
Scherzando	Bromeando
Semplice	Simple

Sensibile	Sensible
Sentito	Sentido
Sfogato	Elevado, airoso
Sforzando	Forzando
Solenne	Solemne
Sospirando	Suspirando
Spianato	Aplanado
Spiritoso	Espirituoso
Strepitoso	Estrepitoso
Teneramente	Tiernamente
Tormentanto	Atormentado
Tranquillo	Tranquilo
Tremando	Temblando
Tremendo	Tremendo
Tristamente	Tristemente
Vigoroso	Vigoroso
Zeffiroso	Apacible, suave

La dinámica o el matiz

Se llama *dinámica* o *matiz*, a los distintos grados de intensidad de los sonidos.

La intensidad de los sonidos es, junto con la altura y la duración, uno de los aspectos mas importantes de la interpretación musical. Para poder determinarla es necesario tener una estratificación gradual de la misma.

Prácticamente todos los grados de intensidad están indicados por medio de abreviaturas que se colocan generalmente debajo del pentagrama. Cuando se trata de un instrumento con un soporte múltiple (piano, arpa, órgano...) estas indicaciones se colocan entre los diferentes soportes, dependiendo de su efecto sobre cada uno de ellos.

Los sonidos de intensidad suave se designan con el término italiano *piano* (*p*), mientras que los sonidos de intensidad fuerte se designan con el término *forte* (*f*).

A la determinación de la intensidad se le llama «dinámica» (o «matiz»), y puede encontrarse de dos maneras:

1. La *dinámica gradual por terrazas* estriba en el contraste entre los conceptos de *fuerte* («forte») y suave («piano»), el cual genera una escala gradual de los matices (ver más adelante). Cuando se pasa de un matiz a otro, supone siempre un cambio inmediato de la intensidad sonora. Los distintos grados de intensidad pueden recibir a la vez distintas matizaciones al combinarse con otras indicaciones. A continuación se puede ver la escala gradual de los matices desde el más fuerte al más suave.

Tutta la forza	La máxima fuerza
Fortissimo possible (fff)	Lo más fuerte posible
Fortissimo (ff)	Muy fuerte
Forte (f)	Fuerte
Mezzoforte (mf)	Medio fuerte
Poco forte (poco f)	Un poco fuerte
Poco piano (poco p)	Un poco suave
Mezzopiano (mp)	Medio suave
Piano (p)	Suave
Pianissimo (pp)	Muy suave
Pianissimo possible (ppp)	Lo más suave posible

Otras abreviaturas de uso frecuente son las siguientes:

Fortepiano (fp)	Ataque *f (forte)*, e inmediatamente *p (piano)*, sin transición
Meno forte (meno f)	Menos fuerte
Meno piano (meno p)	Menos suave
Piano subito [69] *(p $^{sub.}$)*	Pasar inmediatamente (sin transición) al matiz *p*
Più forte (più f)	Más fuerte
Più piano (più p)	Más piano
Sempre p, f [70]...	Siempre *p, f*, etc.
Sforzando [71] *sf, sfz*	Se coloca debajo de una nota, e indica que dicha nota debe subir bruscamente un grado en la escala de matices. [72]

2. La *dinámica progresiva* o de *transición* se refiere al aumento o disminución de la intensidad de las notas de una forma gradual y progresiva.

a) Cada vez más fuerte:

Crescendo (cresc.)
Acrescendo (acresc.)
Rinforzando (rfz)
Poco a poco più f
Sempre più f
El signo ◁ ⁷³

b) Cada vez más suave:

Decrescendo (decresc.)
Diminuendo (dim.)
Poco a poco p
Sempre meno f
El signo ▷

El estilo y la época de una obra influye sobre el espíritu con que conviene interpretar los matices, ya que su sentido expresivo ha variado en función de ellos. Hasta el siglo XVII no se escribían ni los matices ni las indicaciones de movimiento, la aplicación de los cuales competía al intérprete, el cual se basaba en el estudio, la tradición y el oficio.

En la *época barroca*, el sentido expresivo de los matices (o dinámicas) estaba íntimamente relacionado con la construcción formal, por lo que tenían un significado arquitectónico.

El efecto que resultaba de la contraposición de partes fuertes y suaves, la repetición de pasajes con una dinámica *f* en *p* (efecto de eco) y el incremento y la disminución del grado de intensidad mediante el incremento y la disminución de las voces (o el número de intérpretes de cada una de ellas), constituían la base de la técnica compositiva conocida con el nombre de *dinámica de terrazas* o *dinámica gradual por terrazas*, la cual constituía una de las características estilísticas del barroco.

La *dinámica de terrazas* característica del barroco sufrió una transformación a mediados del siglo XVIII, adquiriendo un significado propio e independiente de la estructura y convirtiéndose en una *dinámica progresiva* o de *transición*.

Esta *dinámica de variación progresiva* estaba basada en *crescendos* y *diminuendos*, y se atribuye a la orquesta de Mannheim (hacia 1760) el primer uso de esta novedosa técnica, también conocida como *crescendo (o diminuendo) a la Mannheim*.

En el siglo XX se amplían los signos de variación progresiva de la dinámica con indicaciones (reguladores) que no sólo marcan el *crescendo* o *diminuendo*, sino que también dan información sobre cómo debe ejecutarse el grado de variación de la dinámica y extendiendo el marco de la variación hasta la extinción del sonido, representado por el sign Ø. Estos reguladores están representados de la siguiente manera:

$$p \prec f$$
$$\succ p$$
$$p \prec f$$
$$f \succ \emptyset$$
$$\emptyset \prec f$$

Los signos de ataque.
La acentuación y la articulación

Tanto la acentuación como la articulación se expresan mediante unos signos (de *ataque*) que destacan unas determinadas notas o sonidos para hacer relevante su importancia estructural, rítmica o expresiva.

La interpretación precisa de estos signos dependerá de la obra en concreto y de su contexto. A pesar de ello, es importante señalar aquí los principales signos, así como su interpretación más generalizada.

1. *El staccato o picado.*
Es un punto que se coloca encima o debajo de una nota (♪, ♩, ♪), que indica que hay que separar dicha nota de la siguiente, interrumpiendo el sonido. En teoría, el valor de las notas con este punto pierden aproximadamente la mitad de su valor.

Suele encontrarse también en combinación con *acentos* (situado entre éstos y la nota). En tales casos, indica que la nota debe interpretarse con el acento correspondiente, pero acortando la duración de la misma por el efecto del *staccato* (♩, ♪, etc.) o picado.[74]

182 a. *Uso del staccato (Beethoven, Primera simfonia, Op. 21, «IV Adagio-Allegro molto», compases 1-7).*

182 b. *Uso del staccato y su interpretación aproximada.*

2. El staccatissimo

Es un signo en forma de pequeña cuña (también de lágrima o de punto alargado), que se coloca encima o debajo de la nota y con la punta en dirección a ésta (▾, ▴).

Indica que hay que atacar la nota de manera incisiva, interrumpiendo el sonido lo más rápidamente posible. En teoría, las notas con este signo pierden tres cuartas partes de su valor.

183 a. *Uso del staccatissimo y su interpretación aproximada.*

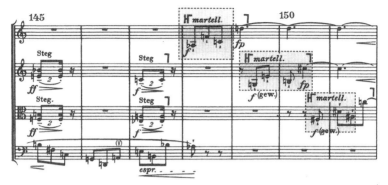

183 b. *Uso del staccatissimo (A. Berg, Suite lírica para cuarteto de cuerda, «V Presto delirando», compases 145-151).*

3. Los acentos

Según el grado de acentuación se usan tres diferentes signos, colocados encima o debajo de una nota:

a) 𝅘𝅥 , 𝅗𝅥 , 𝅘𝅥

Significa un acento súbito e intenso (fuerte), sosteniendo el sonido durante todo el valor de la nota.

b) 𝅘𝅥 , 𝅗𝅥 , 𝅘𝅥

Significa atacar con fuerza una nota, disminuyendo su intensidad enseguida (es equivalente al *fp*).

b) 𝅘𝅥 , 𝅗𝅥 , 𝅘𝅥

Significa atacar con suavidad una nota y aumentar rápidamente su intensidad (es equivalente a *pf*).

Este signo no se encuentra en música escrita para piano, órgano, arpa, guitarra, instrumentos de percusión e instrumentos de teclado que no sean electrónicos.

b) 𝅘𝅥 , 𝅗𝅥 , 𝅘𝅥

Se trata de un acento débil, también llamado *subrayado* o *trazo*. Indica que se debe acentuar ligeramente la nota, y que dicha acentuación debe mantenerse durante todo el valor de la misma.

4. *El arco de ligadura*.

Se indica por medio del signo convencional de ligadura que abarca dos o más sonidos, y se coloca encima o debajo del grupo de notas que deben interpretarse «ligadas», es decir, las notas que hay que encadenar sin interrumpir la emisión del sonido. Los arcos de ligadura (o simplemente *ligaduras*) pueden usarse desde dos puntos de vista:

5. *Ligadura de articulación*.
Cuando las ligaduras expresan solamente la ejecución de un pasaje con una articulación determinada (ejemplo 184).

184. *Ligadura de articulación (N. Rimsky-Korsakov*, Scheherezade, *Op. 35, suite sinfónica, «III El joven príncipe y la joven princesa, compases 1-5)*.

Cuando dicha articulación abarca solamente dos notas de distinto o igual sonido, y la segunda nota va seguida de un silencio, de una respiración o lleva un punto encima o debajo *(staccato)*, indica que hay que hay que abandonar esta nota suavemente, acortándola un poco (ejemplo 185).

Una mención especial debe hacerse cuando la ligadura de articulación se encuentra en la música vocal; en tal caso, indica que el fragmento debe ejecutarse con una sola emisión de voz o sobre una misma sílaba (ejemplo 186).

6. *Ligadura de fraseo*.
Se entiende que una ligadura es de fraseo cuando, además de expresar una articulación interna de las notas, muestra también los sonidos que se encuentran dentro de una misma idea musical, una frase, un periodo, etc. (véase ejemplo 187).

185. *Ligadura de articulación de dos notas (Hector Berlioz, Sinfonía fantástica, «I Rêvieries-Passions, compases 232-239).*

186. *Ligadura en la música vocal (W. A. Mozart, Cosí fan tutte, acto II, escena II, n.º 20, «Duetto», compases 64-68).*

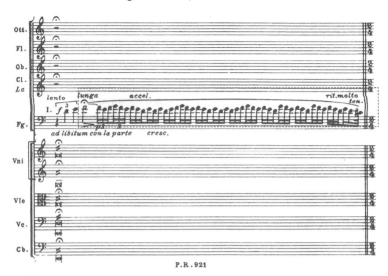

187. *Ligadura de fraseo (N. Rimsky-Korsakov,* Scheherezade, *Op. 35, suite sinfónica, «II La historia del príncipe Kalender, compás 327).*

188. *Ligadura de fraseo abarcando otros signos de articulación (C. Orff,* Carmina burana, *n.º 17, «Stetit puella»).*

A veces se pueden encontrar diversos signos de articulación (incluidas las mismas ligaduras) dentro de una ligadura de fraseo; cuando esto ocurre, hay que articular internamente la música dentro de la ligadura. Estas ligaduras internas son el producto, en un buen número de ocasiones, de la generalización de signos usados para expresar los diferentes recursos técnicos de los instrumentos de arco, de los de viento y de la voz (ejemplo 188).

Cuando dentro de una ligadura de fraseo encontramos dos notas con el mismo sonido (sin ninguna otra ligadura interna), éstas no deben interpretarse ligadas, sino con una ligera articulación (ejemplo 189).

189. *Ligadura de fraseo con notas del mismo sonido (A. Dvořák, Sinfonía n.º 8 en sol mayor, Op. 88, «Allegro con brio», F de ensayo).*

7. *La ligadura y el punto* (staccato) *combinados* (picado-ligado). Se trata de dos o más notas abarcadas por una ligadura, cada una de las cuáles lleva un signo de *staccato*. Indica una ejecución intermedia entre el ligado y el picado, y las notas que llevan este signo pierden aproximadamente una cuarta parte de su valor. Por lo tanto, las notas que se encuentran afectadas por esta ligadura, deben interpretarse dentro de una misma «respiración», pero separando ligeramente las notas entre sí (ejemplos 190 a y 190 b).

se interpreta aproximadamente

190 a. *La ligadura y el punto combinados y su interpretación aproximada.*

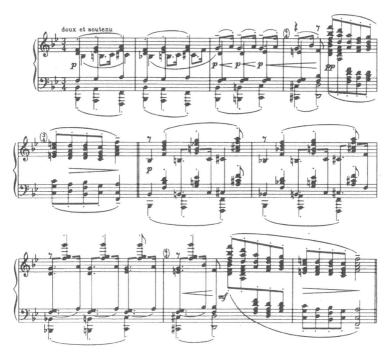

190 b. *La ligadura y el punto combinados (C. Debussy, Preludios, Libro I, «I, Danseuses de Delphes, compases 1-10).*

8. *La respiración.*

La respiración o coma de respiración (**'**) es un signo que se coloca encima del pentagrama, y conlleva una interrupción en la emisión del sonido.

Sirve para indicar una separación más o menos importante de un fragmento con entidad propia dentro de una obra.

Aparte de la coma de respiración se usan frecuentemente otros signos: |, /, //, V, +.[76]

191 a. *La coma de respiración y su interpretación aproximada.*

191 b. *La coma de respiración (C. Debussy,* Syrinx [La flûte de Pan], *compases 1 a 8).*

Como la nota siguiente a la respiración debe atacarse (o articularse) en su lugar exacto, la respiración debe restar valor a la nota anterior a su signo. Su ejecución siempre es aproximada, y dependerá del contexto, tanto técnico como estilístico, de la obra que se esté interpretando (ejemplo 191 a).

Existen también términos que sirven para expresar la acentuación
y la articulación:

Forte piano (*fp*)	Fuerte e inmediatamente piano. Equivale al signo >.
Legatissimo (leg.^{mo})	Muy ligado.
Legato (leg.)	Ligado. Equivale a la ligadura, pero sin indicar con precisión las notas donde empieza y termina.
Marcato	Acentuado, marcando las notas.
Non legato	Sin ligar.
Pesante	Ejecución «pesada» de las notas, e incluso del movimiento.
Piano forte (*pf*)	Piano e inmediatamente fuerte. Equivale al signo <.
Rinforzando (Rinf., rfz)	Reforzando súbitamente el sonido.
Sforzando (sfz)	Reforzando súbitamente el sonido.
Staccato (stac.)	Ejecución suelta y destacada de las notas. Equivalente al punto encima o debajo de las mismas (tal como indica su nombre).

Las notas de adorno

Se pueden considerar notas de adorno a aquéllas que causan un desdoblamiento de un sonido en varios de menor duración.

Este desdoblamiento se conocía desde el siglo XIV al XIX con la palabra *disminución*, la cual significa «desmenuzar, subdividir».

La práctica de su interpretación está regida por convenciones y posee múltiples posibilidades.

Antiguamente, la ornamentación era una práctica de ejecución musical ampliamente difundida. La mayoría de los compositores de aquella época confiaban al ejecutante la aplicación de los adornos necesarios para la interpretación de la obra, limitándose en muchas ocasiones a mostrar la estructura armónica de la misma.

La mayoría de los adornos tenían que ser improvisados y adaptarse a las características de la obra o del fragmento. Los adornos musicales no han de sonar como simples agregados, sino que tienen que ser una parte integrante de la obra.

Hay que tener en cuenta que el gusto musical ha sufrido modifica-
ciones a través de las distintas épocas, con lo cual, es importante refle-
xionar acerca de la fecha de creación de la obra y del país de origen antes de la aplicación y ejecución de las formas de ornamentación, para
así elegir las más adecuadas.

También el carácter y el movimiento de un fragmento, las posibilidades técnicas y sonoras de un instrumento, el temperamento y la habilidad
de un intérprete, pueden ser factores que determinen el uso y la ejecución
de los ornamentos. Johann Joachim Quantz, mostraba ya en su *Essai d'u-
ne méthode pour aprendre à jouer de la flute traversière* una clara diferenciación de la manera de embellecer una melodía en dos grupos:

a) *Maneras esenciales o fijas:* son las que sirven para dar más brillo a
una melodía.

b) *Maneras libres:* son las que surgen de la melodía misma y se integran en ella como elemento sustancial.

Durante el siglo XVIII, se denominaba al primer grupo *adornos
franceses* y al segundo, *adornos italianos.*

Aunque en Francia se usaban signos determinados para las maneras esenciales, y anotaban con frecuencia los adornos libres, era común también la improvisación de adornos según el gusto italiano. En
Italia se usaba, del mismo modo, toda clase de adornos a la manera
francesa, y Alemania fue influenciada tanto por el estilo italiano como
por el francés de manera similar.

Desde muy antiguo se recurrió a la ornamentación como vehículo de
la expresión musical y del buen gusto, ya que los adornos permitían en-
fatizar de forma espontánea determinadas notas. Durante muchos siglos
fueron elementos fundamentales del lenguaje musical. En sus orígenes,
los ornamentos se improvisaban, pero ya en el siglo XVI, algunos compositores empezaron a escribirlos de una manera más específica, escritura que se generalizó durante el barroco mediante el uso de símbolos.

Dichos símbolos se usaban para indicar los diferentes ornamentos
(✸, ∿, ♭, *tr*, etc.), pero cada compositor lo hacía a su manera, de forma que resulta imposible mostrar una interpretación única, y si, además,
se tiene en cuenta que la interpretación se fue modificando conforme iba
evolucionando el estilo musical, se manifiesta que la interpretación de
los ornamentos en la música antigua genera muchas discrepancias.

A partir del siglo XIX, los compositores tienden a dejar de usar los símbolos y a utilizar la escritura exacta de las notas que quieren que sean interpretadas, con la excepción del trino, el cual se continúa escribiendo con el signo *tr*.

Antes de continuar, se hace imprescindible definir la nota de adorno y la nota real: se debe entender por *nota real* aquella nota que forma parte de la melodía y, por lo tanto, constituye por ella misma una parte fundamental de la estructura melódica.

Por *nota auxiliar o de adorno*, hay que entender aquella nota, generalmente representada por un signo o por una nota con una grafía de menor tamaño, que acompaña a las notas reales con el propósito de intensificar, embellecer o dinamizar la melodía creada por el compositor.

Los adornos esenciales o franceses

Son imprescindibles para la música antigua. Para su realización y aplicación había ciertas reglas, las cuales difieren entre sí por tratarse de un desarrollo histórico vivo.

Su interpretación admitía cierta libertad en lo que respecta a la velocidad, ritmo y ejecución.

La apoyatura larga o armónica

La apoyatura es una nota que precede por grados conjuntos a la nota real. Suena sobre el tiempo de la nota real, tomando de ésta el acento y parte de su duración. La apoyatura y la nota real suenan ligadas, con un ligero «apoyo» sobre la primera. Se puede encontrar indicada de diferentes formas, como puede verse en el ejemplo 192.

192. *Notación y realización de la apoyatura superior e inferior.*

La duración de una apoyatura depende de la duración de la nota real. Los siguientes casos son los más frecuentes:

a) Delante de una figura de división binaria, la apoyatura suele tomar la mitad de su valor.

193. *Notación de una apoyatura en una figura binaria y realización de la misma (J. S. Bach, Minueto BWV Anhang 118).*

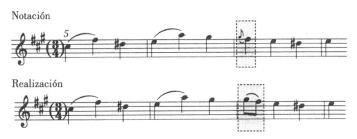

194. *Notación de la apoyatura delante de una negra y realización de la misma (F. J. Haydn, Sonatina pastorale HV35, «Menuet»).*

b) Delante de una figura de división ternaria, la apoyatura puede tomar uno o dos tercios de su valor, dependiendo del contexto donde se encuentre (rítmico, armónico, etc.).

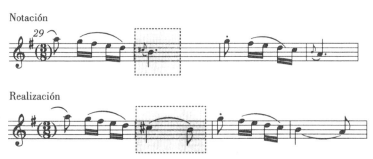

195. *Apoyatura delante de una figura ternaria (F. J. Haydn, Sonatina HV70, «Scherzando e presto»).*

En algunos casos, la apoyatura puede tomar todo el valor de la nota real como, por ejemplo, cuando ésta va seguida de silencio. En este caso, la nota real pasa a ocupar el lugar del silencio.

196. *Notación y realización de la apoyatura de una nota seguida de silencio (J. S. Bach, El clave bien temperado, libro II, «Preludio», BWV 876).*

Se resuelve de igual manera cuando la nota real está prolongada por una ligadura.

En algunos casos, el compositor indica la duración exacta de la apoyatura escribiéndola con la figura de duración correspondiente.

197. *Notación con la duración exacta de la apoyatura y realización (F. J. Haydn, Sonatina H. V. 70, «Menuet»).*

En cualquier caso, la duración que se dé a la apoyatura y a la nota real dependerá del contexto musical, y será más lógico que su interpretación obedezca a razones musicales o expresivas que a normas rígidas.

La apoyatura breve o mordente de una nota

La apoyatura breve se indica mediante una pequeña corchea atravesada por un trazo, y puede estar situada a cualquier distancia interválica de la nota real.

Su uso es posterior al de la apoyatura larga o armónica, explicada en el apartado anterior.

198. *Apoyatura breve o mordente de una nota.*

Se ejecuta sobre el tiempo de la nota real o anticipándose a él, dependiendo del estilo de la obra, del carácter, del *tempo* y demás factores referentes a la expresión musical. En cualquier caso, siempre se ejecuta con cierta rapidez.

199. *Notación y realización de la apoyatura breve sobre el tiempo de la nota real* (R. Shumann, Matrosenlied).

200. *Notación y realización de la apoyatura breve antes del tiempo de la nota real* (G. Verdi, Il trovatore, «Coro de los soldados», Acto III, escena I).

En el caso de que la apoyatura breve se ejecute antes del tiempo de la nota real, toma su valor de la nota o tiempo anterior a ésta.

En general, y con las habituales excepciones en estos casos, *en la música más antigua la apoyatura breve tiende a hacerse sobre el tiempo* (conforme al ejemplo 199), *y es en su evolución a lo largo del siglo XIX cuando empezó a hacerse de forma anticipada* (es decir, conforme al ejemplo 200).

En algunas ocasiones, una pequeña nota sin trazo puede indicar una apoyatura breve, a la vez que, también en ocasiones, una pequeña nota con trazo puede ser interpretada como una apoyatura larga o armónica. La apoyatura breve también puede ser doble.

201. *Notación y realización de una apoyatura doble (J. S. Bach, Gavotte).*

El mordente

También denominado *pincé* o *pincement*, en francés, es un adorno de
la nota real con su auxiliar inferior.
Se ejecuta con rapidez sobre el tiempo de la nota principal.

202. *Notación y realización del mordente (J. S. Bach, adagio de la Tocata, adagio y fuga BWV 564).*

Una alteración debajo del signo del mordente significa que la nota
auxiliar debe alterarse.

203. *Notación y realización del mordente con una alteración (Ch. Graupner, Bourrée).*

En otros casos, esta alteración debe suponerse por el contexto armónico, aunque el compositor no lo haya indicado.

La duración de los mordentes es aproximada, dependiendo ésta de
la nota real, del *tempo*, del carácter de la obra y del gusto y habilidades
del intérprete. Al igual que otros adornos, es frecuente encontrar el mordente precedido por una apoyatura (sobre todo en la música francesa).

En su evolución hacia el romanticismo, la ejecución del mordente
tiende a hacerse anticipada, al igual que sucede con otros adornos, pero
al mismo tiempo también se tiende a escribirlo con notas ordinarias.

Mordente superior

El mordente superior adorna la nota real con su auxiliar superior.

204. *Notación y realización del mordente superior (F. Chopin, Nocturno Op. 32, n.º 1).*

Este adorno es más tardío que el mordente inferior, y la denominación *pincé* se refiere solamente al mordente inferior. De hecho, el mordente superior de dos notas, tal como se ejecuta en el ejemplo 204, no era prácticamente usado en la música antigua y, en el repertorio barroco, el símbolo ∿ sin barrar se identifica con el trino (véase apartado siguiente).

El trino

El trino consiste en batir alternativa y rápidamente la nota real con su auxiliar superior.

El trino es el adorno más utilizado por los compositores de todos los tiempos, y por su condición de más conocido y difundido, podemos encontrarlo indicado de muy diversas formas.

205. *Signos más utilizados para representar el trino.*

Los franceses lo llamaban *cadence* por su obligada aplicación en los pasajes de cadencia. También se usan los términos *vibrato* y *tremolo*. Se distinguen dos tipos de trino:

a) El trino breve (medio trino).

b) El trino prolongado, que casi siempre concluye sobre un punto de reposo *(point d'arrêt)*.

El trino, como los demás adornos, influye en la percepción de los sonidos sobre los que se aplica, por lo que causa diferentes efectos sobre ellos. En este sentido y con respecto al trino se manifestaba Johann Mattheson (1681-1764), de la siguiente manera: «Un trino bien aplicado adorna mucho una melodía, no obstante, su excesivo uso provoca en los oyentes inteligentes una cierta aversión o repugnancia».

Algunos de estos efectos son:

* Destacar algunos sonidos.
* Dar mayor brillo a ciertos pasajes.
* Vivificar sonidos largos, para instrumentos cuyo sonido se apaga rápidamente como, por ejemplo, el clave.

En cuanto a su ejecución y su evolución interpretativa, cabe destacar que, por lo general, las formas tempranas del trino, desde el siglo XIV al XVI aproximadamente, empezaban por la nota principal, práctica que se prolongó en algunos casos hasta el siglo XVII. Sin embargo, a mediados del siglo XVI ya se conocía el nuevo trino que comenzaba con la nota auxiliar superior, pero dicha nota era ejecutada anticipadamente (antes del tiempo de la nota trinada), tal y como se desprende de los escritos de Fray Tomás de Santa Maria en 1565.

En el siglo XVII se impuso la costumbre de comenzar el trino por la nota auxiliar superior, la cual se indicaba por una pequeña nota colocada antes del signo, aunque en muchas ocasiones no hacía falta indicarla por la generalización de ésta en la realización del trino.

Notación   Realización

206. *Notación y realización del trino comenzando por la nota auxiliar superior.*

Cuando esta nota estaba expresamente indicada por el compositor en el propio signo usado para el trino, o bien acompañando a la nota real, su objetivo era el de apoyarse más en esta nota o de darle más duración (véase *trino apoyado*).

Como ya se apuntó anteriormente, en la música barroca no desapareció del todo el trino comenzado sobre la nota principal, el cual, se reservaba para los sonidos de larga duración o en las notas pedales *(temblement continu)*.

En tiempos de J. S. Bach, el signo ∿ *(schneller)*, era usado como sinónimo de trino (*tr* o +).

De esta época no se conoce ninguna regla que indique que el trino deba comenzar con la nota principal cuando la nota auxiliar superior intervino inmediatamente antes como sonido propio de la melodía, con lo que algunos compositores hacían comenzar el trino con la nota superior en estos casos.

Las resoluciones interpretativas de los trinos que se encuentran en las tablas de la época barroca constituyen tan sólo una aproximación, ya que su interpretación dependía (y depende) del buen gusto del intérprete, del grado de velocidad, del carácter del fragmento y de cómo se desarrolle el mismo, pudiendo hacerlo de manera regular o irregular (como, por ejemplo, cuando se comienza lentamente y se va aumentando progresivamente la velocidad de los batimientos).

En este sentido, Carl Phillip Emmanel Bach manifestaba que para los movimientos lentos y expresivos los trinos debían ser más lentos que en los movimientos rápidos.

La preocupación que tenían algunos compositores barrocos respecto a la manera de interpretar los adornos, los llevó a incluir dentro de sus obras, especialmente las dedicadas a la formación de los alumnos, tablas en las que mostraban la realización de los mismos según su gusto.

Son conocidas las tablas de adornos que muestran Henry d'Anglebert en sus *Pièces a clavecin*, 1689, y François Couperin en sus *Pièces a clavecin... premier livre*, 1713 (ejemplo 207).

También J. S. Bach incluyó una tabla en su *Klavierbüchlein für Friedemann Bach*, 1720, la cual está basada en fuentes francesas, sobre todo en d'Anglebert (ejemplos 209 a y 209 b).

Se distinguen tres formas fundamentales de trino:

a) Trino simple (tremblement simple).

b) Trino con grupeto comenzado con la nota superior o inferior.

c) Trino apoyado en la nota auxiliar superior (tremblement appuyé). En este trino, la nota auxiliar superior cae justo sobre el tiempo.

207. *François Couperin, parte de la tabla de ornamentos de* Pièces a clavecin... premier livre, *de 1713.*

Los trinos suelen detenerse momentáneamente en la nota real, aunque cuando tienen resolución puede no hacerse tal detención.

208. *Notación y realización de un trino con detención momentánea sobre la nota real (J. S. Bach,* Orgelbüchlein, «*Coral BWV. 622*»).

Una alteración encima o al lado del símbolo del trino, indica que debe alterarse la nota auxiliar (ejemplos 210 y 218).

209 a. *J. S. Bach, tabla original del* Klavierbüchlein für Friedemann Bach, *1720.*

"Explicación de diferentes signos que indican cómo ejecutar con gusto algunos adornos."

209 b. *J. S. Bach, transcripción de la tabla del* Klavierbüchlein für Friedemann Bach, *1720.*

210. *Notación y realización del trino con una alteración.*

Cómo debe iniciarse y terminar el trino puede estar indicado de diferentes maneras:

a) *Trino con preparación.*

211. *Diferentes signos para la notación del trino con preparación y su realización.*

b) *Trino con resolución.*

212. *Diferentes signos para la notación del trino con resolución y su realización.*

A veces el trino se termina con una anticipación de la nota de «destino». Esta forma de finalizar el trino es bastante frecuente y puede hacerse en muchos casos, aunque la anticipación no esté escrita.

213. *Notación y realización de un trino con anticipación (G. F. Händel, Sonata para flauta y bajo continuo, Op. 1 n.º11, «III Siciliana»).*

c) *Trino con preparación y resolución.*

214. *Notación y realización con diferentes signos del trino con preparación y resolución.*

215. *Notación y realización del trino con preparación y resolución (J. S. Bach,* El clave bien temperado, *libro I, «Preludio 11», BWV 856).*

d) *Trino apoyado:* algunas veces el trino está precedido por una apoyatura superior, lo cual también puede indicarse de diferentes maneras.

216. *Notación realización con diferentes signos del trino apoyado.*

Al tratarse de un efecto de *apoyatura,* algunos compositores buscan con ello dar más expresión y duración a esta nota.

Dicha expresión se hace tanto más intensa cuanto más larga sea la apoyatura.

217. *Notación y realización del trino apoyado (J. S. Bach, Fantasía y fuga BWV 53).*

Tanto en el ejemplo 216 como en el 217, los batidos del trino empezarán por la nota real, ya que la apoyatura asume el papel de la nota auxiliar superior.

El trino después del barroco

A partir de los últimos años del siglo XVIII se empieza a generalizar la práctica de comenzar el trino por la nota real en lugar de hacerlo con la superior (aunque durante algún tiempo convivieron ambas prácticas).

A partir del siglo XIX y en el siglo XX, la mayoría de los compositores usan el trino comenzándolo siempre por la nota principal.

218. *Notación y realización del trino en una partitura del siglo XX (O. Messiaen, Quatour pour la fin du temps, «I-Liturgie de cristal»).*

EL grupeto

El grupeto es un adorno que rodea por grados conjuntos a la nota real. Puede comenzar por la nota auxiliar superior, por la auxiliar inferior y, principalmente en la música del siglo XVIII, empieza con frecuencia por la nota real.

El grupeto puede estar colocado encima de una o entre dos notas.

a) Grupeto sobre una nota.

219. *Notación y realización del grupeto descendente yascendente sobre una nota.*

Una alteración encima del signo del grupeto indica que debe alterarse la nota auxiliar superior, mientras que si se halla debajo, deberá alterarse la auxiliar inferior.

220. *Notación y realización del efecto de las alteraciones colocadas encima o debajo del grupeto.*

El grupeto ascendente es más tardío que el descendente. Empezó indicándose con el signo invertido ∾, pero a finales del siglo XVIII, con el fin de evitar confusiones, algunos compositores empezaron a utilizarlo en sentido vertical ∫.
El grupeto descendente es el más utilizado.

221. *Notación y realización del grupeto descendente sobre una nota (G. F. Händel, Suite Aylesford, «Zarabanda»).*

b) Grupeto entre dos notas.

Si el grupeto está entre dos notas diferentes, debe oírse la primera de ellas y a continuación el grupeto, que se resolverá en la segunda nota.

222. *Notación y realización de un grupeto descendente y ascendente colocado entre dos notas.*

Algunos ejemplos de la literatura musical:

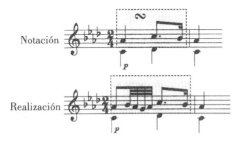

223. *Notación y realización de un grupeto descendente entre dos notas (Beethoven, Sonata, Op. 10 n.º1, «Adagio molto»).*

224. *Notación y realización de un grupeto ascendente entre dos notas (Beethoven, Sonata, Op. 10 n.ª1, «III-Finale»).*

Cuando el grupeto se encuentra entre dos notas y la primera es una nota con puntillo de prolongación, el grupeto se detiene en el puntillo, convirtiéndolo en una nota real.

225. *Notación y realización de un grupeto detrás de una nota con puntillo y colocado entre dos notas (Beethoven, Sonata, Op. 14 n.º 1, «I-Allegro»).*

Algunas veces el grupeto se encuentra escrito con notas ordinarias, pero de menor tamaño.

El portamento

El portamento es un adorno consistente en el deslizamiento por grados conjuntos desde una tercera inferior o superior, hacia la nota real.

226. Diferentes signos usados para la notación del portamento y su realización.

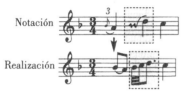

227. Notación y realización del protamento (J. S. Bach, Polonesa, BWV Anhang 117b).

Tierce coulée

La tierce coulée es un adorno propio de la música francesa y consiste en un deslizamiento por grados conjuntos hacia la nota real, pero en este caso se hace manteniendo el sonido de la primera nota del adorno.

228. Notación y realización de la tierce coulée.

229. Notación y realización de la tierce coulée (F. Couperin, Les canaries).

Acciacatura

La acciacatura es un adorno de la música italiana que consiste en tocar conjuntamente la nota real con su auxiliar inferior por semitono, soltando esta última inmediatamente.

230. *Notación y realización de la acciacatura.*

Arpegiado

Harpègement o *arpegé*, en francés; consiste en ejecutar sucesivamente las notas de un acorde, manteniendo el sonido de cada una de ellas.

231. Diferentes signos usados para la notación del arpegiado, tanto ascendente como descendente, y su realización.

232. *Notación y realización del arpegiado ascendente (C. Ph. E. Bach, Sonata en mi mayor, W. 62/5).*

La ornamentación libre o italiana

La ornamentación libre o italiana (principalmente usada entre los siglos XVI y XVIII) es aquella que, en palabras de Quantz, surge de la melodía y se integra en ella como elemento sustancial. Se trata, pues, de «revestir» las notas escritas (generalmente con valores largos) mediante una disminución de los sonidos, y de «rellenar» los intervalos. Esto puede lograrse, por una parte, mediante las pequeñas formas estereotipadas de los ornamentos esenciales que se han tratado en el apartado anterior. Pero en muchas ocasiones, la transformación de una melodía comporta una cantidad mucho mayor de nuevos sonidos. En tales casos se adorna de manera libre *(willkürlich)*, para lo que no existen signos, aunque en el transcurrir del tiempo se hayan convertido en fórmulas más o menos definidas (renovándose siempre en su uso), aproximándolas, en este sentido, al carácter de las maneras esenciales.

233. Ornamentación libre del propio compositor (*G. Ph. Telemann, Sonatas metódicas, Sonata en re menor «I Andante compases 1-3»*).

En principio, la ornamentación libre de la melodía la hacía el intérprete con total fantasía, pero el uso desmesurado de la misma condujo a numerosos tratadistas y compositores a escribir textos donde se mostraba la manera correcta de «revestir» las melodías *con buen gusto*.

Algunos compositores, en un intento práctico de mostrar la propia manera de entender la disminución de una melodía, agregaban versiones con ornamentación libre en la propia partitura (véase ejemplo 233).

También en las *suites* de danzas del barroco a menudo se agregaban, bajo el nombre de *Double*, versiones ornamentadas.

Dichas ornamentaciones han evolucionado en el transcurso de la historia, y los compositores han optado finalmente por integrar los elementos de ornamentación en el propio texto musical; de los vestigios de la ornamentación libre quedan sólo las improvisaciones en las cadencias de los conciertos, y de una manera más abstracta la ejecución de música de carácter improvisado.

Intervalos

Por *intervalo* se entiende la distancia que existe entre dos notas a diferente o a igual altura.

En función de la situación y de la distancia de las dos notas podemos catalogar los intervalos de varias maneras, las cuales serán motivo de estudio en este apartado. De ellas, la catalogación que hace referencia a la posición de las notas se tratará de manera preliminar, reservando el grueso del apartado para el estudio de la distancia entre dos notas.

El estudio de los intervalos en referencia a la posición de las notas en el pentagrama se hace, en primer término, en función de la sincronía o diacronía de las mismas.

Cuando las dos notas de un intervalo suenan simultáneamente, se dice que éste es *armónico*. En este caso las dos notas se escriben una encima de la otra (en sentido vertical) en el pentagrama, y se nombran siempre desde su nota inferior, mientras que se reserva el término *melódico* para las notas que suenan de manera consecutiva (una después de la otra).

En el caso de que un intervalo sea melódico, otro factor que determina una diferente catalogación es la posición de la segunda nota en referencia a la primera:

Si la segunda nota está colocada en una posición en el pentagrama que comporte que su sonido sea más agudo, entonces el intervalo es *ascendente*, mientras que si es a la inversa (que la posición de la segunda nota comporte que su sonido sea más grave), el intervalo es *descendente*.[77]

Otra cuestión que se debe tener en cuenta en esta introducción al mundo de los intervalos, es la diferenciación de éstos en función de las alteraciones de sus notas.

Cuando un intervalo está formado por notas naturales (sin alteraciones), se dice que es *natural*, dándose el nombre de *intervalo alterado* a aquel que tiene alguna de sus notas afectada por una alteración.[78]

Cuantificación de los intervalos

Cuantificar intervalos, significa medir la diferencia de altura existente entre las notas que lo constituyen.

Al estar el sonido de las notas a una altura determinada, esta distancia se puede medir a través de grados, es decir, a través de distancias fijas entre las notas consecutivas de una serie ordenada (escala).

La serie ordenada de notas y la distancia entre ellas es la que se expresa en el ejemplo 56, donde puede verse que la unidad de distancia es el tono, existiendo una unidad inferior que equivale a la mitad de éste y se llama *semitono*.[79]

Así, pues, el primer paso frente a un intervalo es el de cuantificar los grados que lo forman, para luego poder denominarlos y clasificarlos.

Para contar los grados, se toma como base la serie de notas apuntada en el ejemplo 59 (...do, re, mi, fa, sol, la, si...) y se cuenta el número de notas que abarca el intervalo, incluyendo la primera y la última, y sin tener en cuenta las alteraciones. La cifra resultante en su nomenclatura ordinal es la que marcará el nombre del intervalo.

Si el intervalo es descendente, entonces la serie usada es a la inversa (...do, si, la, sol, fa, mi, re...).

Cuando el intervalo está formado por dos notas del mismo nombre se llama unísono (cuando las dos notas tienen el mismo sonido) o intervalo de 1.ª (si las dos notas no tienen el mismo sonido).

El intervalo que contiene 9 notas
se llama NOVENA

El intervalo que contiene 6 notas
se llama SEXTA

234. *Sistema para contar los grados de los intervalos ascendentes y descendentes.*

A los intervalos cuya distancia excede de 8 grados se los conoce como *intervalos simples*. *Sus* nombres son: unísono o primera, segunda, tercera, cuarta, quinta, sexta, séptima y octava. También se pueden escribir en su forma abreviada: 1.ª, 2.ª, 3.ª, 4.ª, 5.ª, 6.ª, 7.ª y 8.ª.

235. *Los intervalos simples.*

Los intervalos mayores que la octava se llaman *compuestos* (novena, décima, undécima... [80]).

Al disponer una serie finita y ordenada de siete notas, forzosamente se tiene que repetir el nombre de la nota cuando la distancia entre ellas es de una octava o más, por lo tanto, si se nombra un intervalo (como, por ejemplo, do-fa) sin ninguna otra especificación, éste puede ser tanto una cuarta como una undécima, una decimoctava, etc.

Musicalmente es, evidentemente, muy diferente, pero desde el punto de vista de la armonía, lo que cuenta es la distancia del intervalo simple correspondiente a la reducción del intervalo real.

La correspondencia entre intervalos simples y compuestos se hace sumando o restando la cifra 7 al intervalo que tenemos, tantas veces como sean necesarias.

El paso de un intervalo simple a uno compuesto se llama *ampliación*, mientras que el procesao inverso se llama *reducción*.

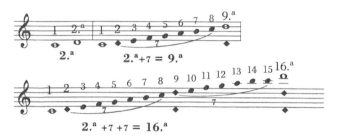

236 a. Ampliación de un intervalo.

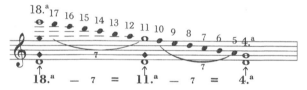

236 b. Reducción de un intervalo.

La octava justa constituye un intervalo de vital importancia en la música, ya que un cuerpo que vibra a doble velocidad que otro genera un sonido que forma una octava justa con el primero;[81] además, cuando se produce un sonido, éste genera una serie de armónicos donde la octava justa es el intervalo que aparece más veces (véase ejemplo 246). Debido a esto y a la armonía, en el sistema tonal es muy importante saber calcular la inversión de un intervalo.

Se dice que dos intervalos están invertidos entre sí cuando están formados por las mismas notas (con sus alteraciones), colocadas en orden inverso.

Por lo tanto, el intervalo resultante de la inversión de un intervalo simple cualquiera, es el que le falta al primero para llegar a la octava justa.

Si se observa gráficamente, la inversión de un intervalo simple se efectúa ascendiendo una octava la nota inferior o bajando una octava la nota superior. De estas consideraciones se puede deducir que cuando un intervalo es ascendente, su inversión es descendente, y viceversa.

237. *Inversión de un intervalo melódico.*

Para calcular numéricamente la inversión de un intervalo, hay que tener en cuenta lo siguiente: la suma de un intervalo y su inversión debe sumar 9.

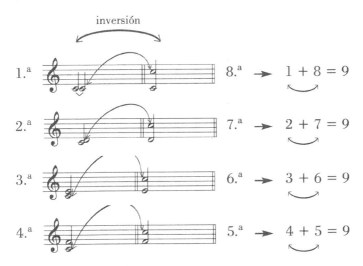

238. *Los intervalos simples y sus inversiones.*

Cuando el intervalo que se quiere invertir es compuesto, lo primero que debe hacerse es reducir éste a uno simple, invertir el simple y, posteriormente, ampliarlo el mismo número de octavas que se redujo.

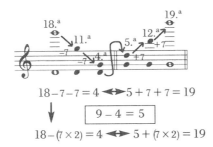

$$18 - 7 - 7 = 4 \longleftrightarrow 5 + 7 + 7 = 19$$

$$\boxed{9 - 4 = 5}$$

$$18 - (7 \times 2) = 4 \longleftrightarrow 5 + (7 \times 2) = 19$$

239. *Inversión de un intervalo compuesto.*

Desde el punto de vista de la cuantificación, los intervalos se pueden catalogar en *conjuntos,* cuando son de 1.ª o de 2.ª, y *disjuntos,* cuando son mayores (3.ª, 4.ª, etc.).

Calificación de los intervalos

Las notas naturales de la serie están separadas por distancias no coincidentes: algunas tienen separaciones de un semitono (st) y otras de un tono (t), por lo que los intervalos resultantes de la combinación de dos notas, aun teniendo los mismos grados de separación, pueden no estar separados por la misma distancia.

Pongamos como ejemplo de lo dicho anteriormente los intervalos de 3.ª do_3-mi_3 y mi_3-sol_3; aun teniendo los mismos grados de separación (ambos intervalos son de 3.ª), tienen una distancia diferente (do_3-mi_3 está separado por dos tonos, y mi_3-sol_3 por un tono y un semitono diatónico).

Esta diferencia de altura para un mismo tipo de intervalo conlleva una clasificación de ellos que da muestra de su cualidad sonora.

Antes de continuar es preciso detenerse en el estudio de los semitonos.

Existen dos tipos de semitono: los que están formados por dos notas de distinto nombre y los que lo están por dos notas del mismo nombre. Los primeros denominan *diatónicos,* mientras que estos últimos reciben el nombre de *cromáticos.*

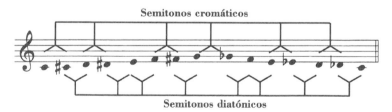

240. *Semitonos diatónicos y cromáticos.*

Entrando ya de lleno en el estudio de la cualidad sonora de los intervalos, lo primero que hay que tener en cuenta cuando clasificamos desde este punto de vista, es la existencia de dos escalados. La aplicación de uno u otro se hará en función del tipo de intervalo simple que estemos estudiando.

Las segundas, terceras, sextas y séptimas pueden ser: disminuidas, menores, mayores y aumentadas.

Las primeras, cuartas, quintas y octavas pueden ser: disminuidas, justas y aumentadas.

Cuando se quita un semitono cromático a un intervalo menor o justo, se convierte en disminuido, mientras que si se añade un semitono cromático a un intervalo mayor o justo, se convierte en aumentado.

La distancia entre el mayor y el menor, en una misma clase de intervalo, también es de un semitono cromático.

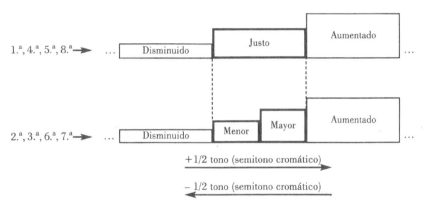

241. *Clasificación de los intervalos simples en función de su cualidad sonora.*

Se puede continuar la progresión de la siguiente manera: si se quita un semitono cromático a un intervalo disminuido resulta un intervalo doble-disminuido, mientras que si se añade un semitono cromático a un intervalo aumentado, el resultado es un intervalo doble-aumentado, y así sucesivamente.

Un intervalo compuesto tiene el mismo calificativo que el simple que resulta de su reducción.

A continuación, en el ejemplo 242, se muestra la clasificación de los intervalos simples tomando diferentes fragmentos de la literatura musical.

Unísono

M. Moussorgski, Cuadros de una exposición.

Segunda menor (1/2 tono)

W. A. Mozart, Sinfonía 40.

Segunda mayor (1 tono)

M. Moussorgski, Cuadros de una exposición.

Tercera menor (1 1/2 tono)

A. Dvorak, Sinfonía n.º 9.

Tercera mayor (2 tonos)

Beethoven, Quinta sinfonía.

Cuarta justa (2 1/2 tonos)

J. Brahms, Sinfonía n.º 1.

Cuarta aumentada (3 tonos)

L. Bernstein, West Side Story, *«Maria».*

Quinta disminuida (3 tonos)

R. *Wagner*, Los maestros cantores.

Quinta justa (3 1/2 tonos)

R. *Wagner*, Los maestros cantores.

Sexta menor (4 tonos)

R. *Schuman*, Álbum para la juventud, *Op. 68, «Siciliana».*

Sexta mayor (4 1/2 tonos)

F. *Chopin, Preludio en la mayor.*

Séptima menor (5 tonos)

R. *Wagner,* Tristán e Isolda.

Séptima mayor (5 1/2 tonos)

M. *Moussorgski,* Cuadros de una exposición.

Octava justa (6 tonos tonos)

G. *Mahler, Sinfonía n.º 9.*

242. *Visualización de los intervalos simples en la literatura musical.*

Con todos los elementos expuestos, sólo queda presentar la manera de hacer un análisis preciso de un intervalo. Los pasos que se deben seguir serán los siguientes:

1. Determinar el nombre del intervalo (1.ª, 2.ª, etc.).
2. Determinar si es melódico o armónico.
3. Si es melódico, determinar si es ascendente o descendente.
4. Determinar el número de tonos y de semitonos que lo componen.
5. Determinar la cualidad (mayor, menor, justo, etc.).

243. *Intervalo melódico ascendente de 6.ª menor, compuesto por 3 tonos y 2 semitonos diatónicos.*

Véase en la tabla resumen de la siguiente página todo lo referente a la cuantificación, calificación e inversión de los intervalos.

Por último, es importante detenerse un momento a estudiar el concepto de *intervalo sinónimo o enarmónico*,[82] ya que en el mundo de la tonalidad se usa con cierta frecuencia.

Por intervalo sinónimo se entiende aquel que teniendo diferente calificación y cuantificación (según el análisis tonal) tiene el mismo sonido.[83]

Para que un intervalo sea sinónimo de otro, al menos una de las dos notas constitutivas del primero tiene que escribirse con su sinónima en el segundo o viceversa.

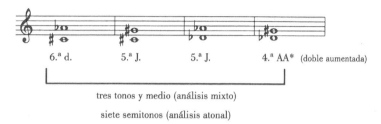

244. *Intervalos sinónimos.*

Análisis atonal (semitonos)	Análisis mixto	Análisis tonal	Intervalo	Ejemplo	Ejemplo invertido	Intervalo invertido	Análisis tonal	Análisis mixto	Análisis atonal (semitonos)
0	0 t	—	U.ᵒ j			8.ª j	5 t +2 st d.	6 t	12
0	0 t	—	2.ª dim.			7.ª aum.	4 t +2 st d. +2 st cr.	6 t	12
1	1/2 t	st cr.	1.ª aum.			8.ª dim.	4 t +3 st d.	5 1/2 t	11
1	1/2 t	st d.	2.ª m			7.ª M	4 t +2 st d. +st cr.	5 1/2 t	11
2	1 t	1 t	2.ª M			7.ª m	4 t +2 st d.	5 t	10
2	1 t	2 st d.	3.ª dim.			6.ª aum.	4 t +st d. +st cr.	5 t	10
3	1 1/2 t	1 t + st cr.	2.ª aum.			7.ª dim.	3 t +3 st d.	4 1/2 t	9
3	1 1/2 t	2 t	3.ª m			6.ª M	4 t +st d.	4 1/2 t	9
4	2 t	2 t	3.ª M			6.ª m	3 t +2 st d.	4 t	8
4	2 t	1 t +2 st cr.	4.ª dim.			5.ª aum.	3 t +st d. +st cr.	4 t	8
5	2 1/2 t	2 t + st cr.	3.ª aum.			6.ª dim.	2 t +3 st d.	3 1/2 t	7
5	2 1/2 t	2 t + st d.	4.ª J			5.ª J	3 t +st cr.	3 1/2 t	7
6	3	3 t	4.ª aum.			5.ª dim.	2 t +2 st d.	3	6

245. *Tabla de los intervalos.*

Consonancia y disonancia

Un intervalo, como cualquier otro elemento sonoro, puede tener diferente significación en función del entorno, tanto externo como interno, al que está influenciado el receptor. En este sentido, hay que tener en cuenta que mientras las propiedades físicas de un intervalo se mantienen constantes,[84] su significado varía dependiendo del contexto de la obra al que pertenece y de las sensaciones que produce a quien entra en contacto con él. Estas sensaciones referidas a las cualidades de consonancia y disonancia son percepciones relativas, y están marcadas por la subjetividad, alejándose mucho del control y de la clasificación objetiva y exacta. Además, tienen influencia sobre cómo se percibe la forma de una obra musical y, por extensión, a la percepción de la obra misma.

Durante siglos, los compositores han distinguido grados de tensión interválica y a partir de estos grados se han desarrollado los conceptos de *consonancia* y *disonancia*.

Ya en el mundo griego clásico Ptolomeo, en *Armónicos*, clasifica los intervalos de la siguiente manera:

• Homofónicos: la octava y sus duplicaciones.
• Sinfónicos: la quinta justa, la cuarta justa y su combinación con los homofónicos.
• Ammelicos: los intervalos inferiores a una cuarta y que están admitidos en la melodía.
• Akmelicos: los intervalos no admitidos en la melodía.

En la Edad Media, teóricos como Johannes de Garlandia en el siglo XIII, en su obra *De mensurabili musica*, propone una clasificación en la que poco a poco se va ampliando el campo de los intervalos consonantes, quedando la clasificación de la siguiente manera:

• Consonancias perfectas: el unísono y la octava.
• Consonancias intermedias: la quinta y la cuarta justas.
• Consonancias imperfectas: las terceras mayores y menores.
• Disonancias imperfectas: sexta mayor y séptima menor.
• Disonancias intermedias: segunda mayor y sexta menor.
• Disonancias perfectas: segunda menor, tritono (cuarta aumentada o quinta disminuida) y séptima mayor.

Durante el siglo XIV, la sexta halló su acomodo en las consonancias. En el anónimo *Ars contrapunctus secundum Philippum de Vitriaco* se admitió la sexta menor como consonancia, mientras que en el *Ars discantus secundum Johannem de Muris* (también anónimo) se admitían tanto la sexta menor como la sexta mayor.

En 1867, el inglés John Tyndall (1820-1893) publicó la obra *On Sound*, en la que anunciaba su teorema sobre el orden de las consonancias de los distintos intervalos; su enunciado era: «Cuanto más simple es la relación de la frecuencia de dos sonidos, más consonante será el intervalo que forman».

Obsérvese que Tyndall no hablaba de intervalos disonantes, y se limitó a ordenar los intervalos en función de su mayor o menor consonancia, lo que implicó una gradación y un ordenamiento. A partir de este momento, se hace indispensable hacer referencia a la teoría de la resonancia superior; dicha resonancia se manifiesta gráficamente mediante la serie de los armónicos superiores, aunque en la práctica musical de Occidente los primeros armónicos han dado siempre la pauta de los intervalos.

246. *La escala de armónicos del sonido fundamental* do.[85]

Esta serie es la sucesión de sonidos parciales que, en teoría, se superponen a un sonido fundamental.

De acuerdo con el teorema de Tyndall, los distintos intervalos de la serie de los armónicos quedan ordenados según su grado de consonancia de la siguiente manera:

Octava justa (2/1)
Quinta justa (3/2)
Cuarta justa (4/3)
Tercera mayor (5/4)
Sexta mayor (5/3)

Tercera menor (6/5)
Sexta menor (8/5)
Tono grande (9/8)
Tono pequeño (10/9)
Séptima mayor (15/8)
Semitono diatónico (16/15)
Séptima menor (16/9)
Tercera disminuida (17/15)
Quinta disminuida (17/12)
Séptima disminuida (17/10)
Octava disminuida (17/9)
Segunda aumentada (20/17)
Sexta disminuida (23/15)
Cuarta aumentada (24/17)
Semitono cromático (25/24)
Quinta aumentada (25/16)
Octava aumentada (25/12)
Semitono diatónico (27/25)
Tercera aumentada (30/23)
Sexta aumentada (30/17)
Cuarta disminuida (32/25)

Arnold Schönberg, en su *Harmonielehre*, publicado en 1911, manifiesta que los conceptos de consonancia y disonancia constituyen en sí mismos una antítesis y, aunque acepta su uso, los considera erróneos, y da como explicación el hecho de que el grado de consonancia de un intervalo dependerá de la capacidad del oído para familiarizarse con los armónicos más lejanos.

Manifiesta que las consonancias son las relaciones más cercanas y sencillas con el sonido fundamental y, como tales, resultan de los primeros armónicos de la serie.

Son más perfectas cuanto más próximas del sonido fundamental estén, y por lo tanto es más fácil para el oído reconocer su afinidad con él, situarlas en el complejo sonoro y determinar su relación con el sonido fundamental como de «reposo» (sin necesidad de resolución).

Los armónicos más alejados no pueden ser analizados por el oído pero son percibidos como timbre.

En los diferentes sistemas occidentales, la gradación de tensión de los intervalos es la siguiente:

INTERVALO	DISMINUIDO	MENOR	JUSTO	MAYOR	AUMENTADO
PRIMERA	—	—	1/1	9/8 Tono grande 10/9 Tono peq.	16/15 Semitono cromático
SEGUNDA	—	16/15 27/25 St. diatónico	—	5/4	20/17
TERCERA	17/15	6/5	—	—	30/23
CUARTA	32/25	—	4/3	—	24/17
QUINTA	17/12	—	3/2	—	25/16
SEXTA	23/15	8/5	—	5/3	30/17
SÉPTIMA	17/10	16/15 (9/5)	—	15/8	—
OCTAVA	17/9	—	2/1	—	25/12

247. *Relaciones de los intervalos basadas en la serie de armónicos, según el teorema de Tyndall.*

- Consonancias fuertes: unísono, octava justa y quinta justa.
- Consonancias suaves: tercera mayor, tercera menor y sexta mayor y menor.
- Consonancia o disonancia: cuarta justa.
- Ambiguo (neutro o inestable): cuarta aumentada y quinta disminuida (tritono).

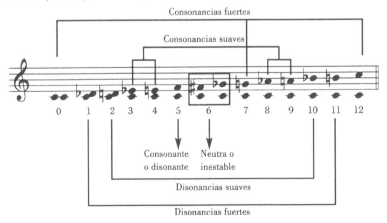

248. *Tensión interválica en función del número de semitonos de un intervalo.*

- Disonancias suaves: séptima menor y segunda mayor.
- Disonancias fuertes: séptima mayor y segunda menor.

En el mundo de la tonalidad (y por extensión en la mayoría de los sistemas jerárquicos), todos los intervalos aumentados y disminuidos se consideran disonantes.

Se podría concluir diciendo que la determinación sobre el mayor grado de percepción de la consonancia de un intervalo (o de la disonancia), dependerá de la capacidad del oído para familiarizarse con los armónicos más alejados y entender como natural la globalidad del sonido resultante.

Apéndice

Índices de altura

(1)	16	32	64	126	256	512	1024	2048	4096
(2)	C'' B''	C' B'	C B	c b	c' b'	c'' b''	c''' b'''	c'''' b''''	c'''''
	$(C_{,,}$ $B_{,,})$	$(C_{,}$ $B_{,})$							(c')
(3)	CCCC	CCC	CC	C	c b	c' b'	c'' b''	c''' b'''	c''''
(4)	ut_{-2} si_{-2}	ut_{-1} si_{-1}	ut_1 si_1	ut_2 si_2	ut_3 si_3	ut_4 si_4	ut_5 si_5	ut_6 si_6	ut_7
(5)	do_{-3} si_{-3}	do_{-1} si_{-1}	do_1 si_1	do_2 si_2	do_3 si_3	do_4 si_4	do_5 si_5	do_6 si_6	do_7
(6)	C_0 B_0	C_1 B_1	C_2 B_2	C_3 B_3	C_4 B_4	C_5 B_5	C_6 B_6	C_7 B_7	C_8
(7)	- 3	4 - 15	16 - 27	28 - 39	40 - 51	52 - 63	64 - 75	76 - 87	88
(8)	0 - 11	12 - 23	24 - 35	36 - 47	48 - 59	60 - 71	72 - 83	84 - 95	96

(1) Frecuencia (en hercios).

(2) Notación Helmholtz.

(3) Notación inglesa.

(4) Notación francesa.

(5) Notación italiana.

(6) Notación científica.

(7 y 8) Notación técnica americana.

Notas

1. Se usa aquí el término *compositor* en su significado más amplio, como creador, independientemente del tipo de música y de la época a que pertenezca.
2. Cuando se escriben los signos fónicos, por definición, pasan a ser gráficos. Lo que debe entenderse aquí por signos fónicos son aquellos signos que provienen de la escritura normal de la lengua, a los cuales se les asocia un sonido musical o una categoría de este sonido (entendiendo por categoría cualquiera de los elementos integrantes de un sonido).
3. Conjunto de naciones que se encuentran en las riberas de los ríos Tigris y Éufrates, que desembocan en el golfo Pérsico (Mesoponamia significa, literalmente, «país entre dos ríos»). Estas naciones eran Sumeria, Acadia, Babilonia y Asiria. Los territorios que ocupaba Mesopotamia pertenecen, en la actualidad, a Irak e Irán.
4. También era importante la posición de la letra respecto al texto. En el sistema griego, al igual que en el nuestro, las notas de una escala podían ser alteradas, y esto se indicaba mediante distintas posiciones de las letras en relación al texto.
5. Por tono se entiende la unidad básica en la distancia de altura existente entre dos notas, dando el nombre de semitono a la mitad de dicha distancia.
6. El 1/4 de tono forma parte de las divisiones menores del semitono, conocidas con el nombre de *microintervalos* y aun no siendo de uso normal en el sistema occidental clásico, sí lo son en los sistemas no occidentales, en muchas músicas tradicionales y en la música a partir del siglo XX.
7. De Hucbald (aprox. 840-930), monje de la abadía de S. Amand. Era maestro, teórico, compositor y hagiógrafo. Escribió *De harmonica institutione*, obra teórico-musical de vital importancia.
8. Al mismo tiempo, en la notación aquitana las agrupaciones neumáticas mas complicadas empezaron a escribirse con notas separadas, lo que supuso una simplificación de la notación y un paso adelante para la internacionalización de la grafía.

9. Manual de música. Materiales escritos en el siglo IX. Anónimos según unas fuentes y atribuidos a Hucbald por otras.

10. Si se tallaban en punta ofrecían una escritura fina, mientras que si la punta era cortada permitía tanto trazos amplios como finos.

Si la pluma se usaba verticalmente, los trazos horizontales eran gruesos y los verticales finos (escritura latina: francesa, italiana; véase ejemplo 25). Si, por el contrario, la pluma se usaba de manera oblicua, los trazos finos son cortos y oblicuos (algo típico de la escritura gótica o alemana; véase ejemplo 26).

11. Debe entenderse aquí que una acentuación suponía un alargamiento del sonido.

12. Se modificaron rítmicamente los modos 3 y 4 para poderlos combinar con el 1, siendo las notas cortas de desigual valor.

13. Franco de Colonia atribuía la perfección al número tres por su asociación a la Santísima Trinidad, aunque se debería considerar el compás ternario como una consecuencia del sistema modal y de los modos rítmicos.

Por otra parte, la consideración del número tres como el número más perfecto se remonta a los filósofos pitagóricos, ya que veían en él al primero de la serie de números naturales que poseía un principio, una parte intermedia y un final.

14. Según Richard H. Hoppinn («Manneristic style», en *Medieval Music*, W. W. Norton & Company, 1978).

15. A mayor tamaño del cuerpo resonador más grave es el sonido, y viceversa. Por esto los instrumentos más grandes suenan más graves y los más pequeños más agudos. Lo mismo pasa con la longitud de las cuerdas o de las columnas de aire que entran en vibración: cuanto mayores son, producen un sonido más grave, y a medida que se van disminuyendo producen proporcionalmente sonidos más agudos.

16. El sistema germánico distingue entre el si♭ y el si ♮, atribuyendo al primero la letra b y al segundo la h.

17. En contraposición a la *b*, usada para designar a la nota si bemol.

18. Hay que señalar que es en el sistema temperado que los semitonos son todos iguales. En este sistema la octava está dividida en doce partes iguales y se ha ido generalizando lentamente en Occidente a partir del siglo XVIII. Hay otras posibilidades de afinación, las cuales son estudiadas por la acústica musical.

19. Antiguamente se usaban las siguientes claves para las voces humanas: soprano, clave de do en 1.ª; mezzo soprano, clave de do en 2.ª; contralto, clave de do en 3.ª; tenor, clave de do en 4.ª; barítono, clave de fa en 3.ª, y bajo, clave de fa en 4.ª.

20. Cuando se trata de dos octavas, empleamos el signo 15.ª; para tres, 22.ª, y así sucesivamente.

21. Instrumentos como arpa, piano, órgano, celesta, clavicémbalo, xilofón, vibráfono o la marimba, aunque no siempre la música destinada a estos instrumentos se escribe con más de un pentagrama.

22. Su origen está en la palabra griega *metrikos (πετρικὸς)*, que significa «medida», y para las culturas antiguas, tanto orientales como occidentales, constituía un medio básico de medición en el ámbito musical.

23. Por nivel métrico se entiende cada uno de los diferentes niveles en que se pueden manifestar los pulsos. Los pulsos de cada nivel métrico reciben nombres distintos; así, al compás se le otorga el nivel métrico primario (nivel 1), y es el menor de los niveles métricos superiores. A los demás niveles superiores, ordenados por su extensión creciente, se les otorga los números 2, 3, etc. También existen niveles métricos inferiores, que ordenados de mayor a menor

duración serían: tiempo (nivel 1.1), división o parte (nivel 1.2) y subdivisiones (nivel 1.3, 1.4, etc.). Véase ejemplo 87.

24. Hay que entender como pulso cada uno de los estímulos temporales que formando una serie regular dividen el tiempo *(continuum temporal)* en elementos exactamente equivalentes, como, por ejemplo, el tic-tac de un reloj.

25. Nuestra mente tiende a organizar los pulsos en grupos para así comprenderlos mejor y, por lo tanto, no se suele entender el pulso fuera del contexto del ritmo y de la métrica. Estos grupos forman patrones y estos patrones, de duración determinada y periódica, tienen que tener elementos diferenciados que permitan establecer el principio y el fin. La tendencia natural para tal efecto es otorgar al principio de cada patrón un elemento de intensidad o fuerza caracterizado por un acento. Cuando en el contexto occidental se hable de *compás*, este acento natural al principio de cada grupo se llamará *tiempo fuerte*.

26. Además de la doble barra de repetición existen otros signos para señalar la repetición de un fragmento que concretan y exponen diferentes tipos de repetición, los cuales son tratados en el capítulo «Repeticiones y abreviaturas», pág. 153.

27. Ver pág. 91, compases simples y compuestos.

28. El concepto de armadura se tratará en un próximo libro en preparación centrado en la sintaxis musical.

29. A partir de aquí usaremos la nomenclatura matemática para los quebrados o fracciones, y llamaremos al número de arriba *numerador* y al de abajo *denominador*.

30. Sea una figura natural o una figura con ligadura, como es el caso de los compases ternarios compuestos.

31. En complementación a la unidad de tiempo, como la figura que representa la duración de un tiempo, tanto en los compases simples como en los compuestos.

32. Sobre todo cuando se trata de compases compuestos o compases que dan pie a múltiples estructuras rítmicas dentro de ellos.

33. *Tempo:* la velocidad absoluta con la que se suceden las notas en una composición musical. Es decir, si una composición se interpreta más lenta o más rápida. Se puede medir la velocidad de los pulsos y de las notas mediante el metrónomo.

34. La intensidad, junto a la altura y el timbre, son las tres cualidades básicas del sonido.

35. Acento equivale aquí a parte fuerte, mientras que no-acento equivale a parte débil.

36. Se puede modificar este impulso mediante mecanismos técnicos; el más elemental entre ellos es el acento, que puede encontrarse en otros tiempos o partes del compás.

37. Mathis Lussy en su *Tratado de la expresión musical* dice: «En el compás de tres tiempos, la nota que vale el segundo tiempo produce, si se prolonga, el efecto de una síncopa; lo cual, seguramente, es lo que ha llevado a considerar que en tales compases el tercer tiempo es fuerte».

Aun considerando este tercer tiempo como fuerte, su importancia métrica siempre sería inferior a la expresada por el primer tiempo del compás.

38. En tal caso, sería lógico hablar de que el ritmo interno de la música descompone el compás ternario en dos partes, una de un tiempo y la otra de dos tiempos, como si se tratara de dos compases en uno ($3 = 1 + 2$), donde el primer tiempo de cada uno de estos compases interiores sería el fuerte. Dentro de la misma lógica se podría descomponer el compás ternario en tres partes de un tiempo cada una

($3=1+1+1$), de donde se deduciría una cuarta forma de mostrar los tiempos (nivel métrico 1.1) de un compás ternario de la siguiente manera: F-F-F.

Esta manera de entender, a través del ritmo interno, que un compás ternario puede estar descompuesto en partes (que el compás expuesto se convierte en la suma de varios compases internos menores) se puede hacer extensible a los demás compases.

39. Edward Willems, pedagogo, hace notar en su libro *El ritmo musical* la dificultad de los alumnos para entender física e intelectualmente el concepto de síncopa (debido a su complejidad), mientras que es mucho más fácil entender físicamente lo que es un contratiempo, sobre todo si se interpreta de una manera viva (marcando con una mano a tiempo y con la otra a contratiempo). Y una vez se entiende el concepto de contratiempo se define la síncopa en relación a éste, haciendo notar que es un contratiempo prolongado. Como argumento histórico hace referencia a la apreciación que hacía J.-J. Rousseau: «Así toda nota sincopada es a contratiempo».

Si bien esta apreciación es sumamente interesante a nivel pedagógico, quedan mucho más estructuradas las definiciones si tenemos en cuenta que tanto la síncopa como el contratiempo representan una rotura de la métrica usual de los compases, y que en la historia de la música occidental el elemento «síncopa» se da ya desde la Antigüedad clásica, aunque no con el mismo concepto (modos rítmicos como, por ejemplo, el tróqueo invertido en un ritmo ternario).

40. De hecho, los teóricos G. Cooper y L. B. Meyer en su libro *Estructura rítmica de la música* hacen notar que algunos de los casos que normalmente estarían dentro de la definición de síncopa, son en realidad retardos.

41. En el contrapunto de los siglos XV y XVI se usaba frecuentemente la síncopa como efecto de retardo.

También en el estudio del contrapunto (derivado del de los compositores del Renacimiento), que se conoce con el nombre de *cuarta especie,* el elemento contrapuntístico está basado en el concepto rítmico de síncopa, pero a nivel musical el tratamiento de la melodía es de retardo.

42. La palabra *dictadura* se refiere aquí al uso de la métrica estricta bajo el dominio de los compases, en comparación a la música más libre en la que prima el ritmo sobre la medida.

43. En el estudio de la melodía se tratan los diferentes tipos rítmicos determinados por el comienzo —tético, anacrúsico y acéfalo— y por el final de una idea melódica —masculino y femenino.

44. Los compases se empiezan a contar a partir del primer tiempo fuerte por naturaleza (el que está en el primer tiempo de un compás). Es decir, la anacrusa está en el compás 0 y el primer tiempo fuerte en el compás 1.

Saber dónde empieza el compás 1 es de vital importancia cuando se interpreta música en grupo o cuando se analiza una obra, ya que, así, los interpretes o los estudiosos se ponen de acuerdo al tratar el punto exacto de la obra.

45. Algunos de estos compases son tomados de la música tradicional de distintos países. Muchas veces esta música es de carácter ancestral o proviene de culturas lejanas a la occidental.

46. Estos compases dispares, que son presentados aquí como la suma de varios compases con el mismo denominador, se conocen también como *compases de amalgama* (véase ejemplo 86).

Es importante tener en cuenta que lo que determinará la estructura interna del compás (si es uno solo o la suma de varios) será el ritmo interno que éste posea. Así, por ejemplo, un compás de 7 tiempos puede estar constituido por un solo compás, por dos compases: 4+3; 5+2; 6+1, y viceversa, por tres compases: 4+2+1; 2+3+2... y así sucesivamente.

47. Compositores como Messiaen, que han generalizado los compases con valor añadido, no ponen ninguna cifra indicadora de compás. Por otra parte, el no poner indicación de compás es una práctica muy común en la música a partir del siglo XX, sobre todo en la segunda mitad.

48. Aunque se han definido los compases decimales como compases con un valor añadido, se puede interpretar, con la misma cifra, que se trata de un compás de sustracción.

Podemos imaginar que tenemos un compás cuyo numerador sea 2'5. Se puede analizar de dos maneras:

a) Como compás con un valor añadido: el compás es de dos tiempos al cual se le ha añadido la mitad de un tiempo (2'5 =2 + 0'5).

b) Como compás de sustracción (con un valor sustraído): el compás es de tres tiempos y se le ha sustraído la mitad de un tiempo (2'5 =3 − 0'5).

49. Los franceses dan distinto nombre a los calderones según si están encima o debajo de una nota *(Point d'orgue)*, o si están encima o debajo de un silencio *(Point d'arrêt)*.

50. *Hans Swarowsky*, en su libro *Dirección de orquesta*, Real Musical, Madrid, 1988.

51. Esto puede escucharse en la magnífica interpretación de la Sinfonía n.º 104, *London*, de F. J. Haydn que hace el director rumano Sergiu Celibidache al frente de la Münchner Philharmoniker (EMI classics), donde se oye claramente el peso que da a las notas con calderón en los dos primeros compases y cómo lo cambia en la repetición del tema, cuando dichas notas carecen de calderón.

52. De esta manera es como lo interpreta Nikolaus Harnoncourt con la Royal Concertgebouw Orchestra en el sello discográfico TELDEC.

53. De esta manera es como lo interpreta Sergiu Celibidache al frente de la Münchner Philharmoniker (EMI classics).

54. Página 396 en la edición Edwin F. Kalmus.

55. Escrita en enero de 1936 a petición de Georges Barreré para la inauguración de su flauta de platino. Revisada en 1946. El título se debe a la densidad del platino, que es 21.5.

56. En el caso de la divisiones artificiales, por definición no es posible la constitución total del grupo mediante silencios.

Sí es posible, en cambio, y de hecho se dan numerosos casos (sobre todo en la música escrita a partir del siglo XX), la integración de silencios dentro del propio grupo artificial.

57. El hecho de tener tan presente en el apartado de los grupos artificiales a F. Chopin obedece al gran uso que hizo de éstos. Solía tratar los grupos artificiales como excedentes y ponerlos en relación con el grupo natural anterior, por lo que las figuras constituyentes del grupo artificial eran las mismas que las del grupo natural inferior.

58. Son aquellos compases simples cuya unidad de compás se puede representar por una figura de sonido simple, sin la adición de puntillo ni ligadura (redonda, blanca, corchea, etc.).

Por lo tanto, en el quebrado representativo de dichos compases el denominador (indicador del número de unidades de tiempo) sólo podrá llevar las cifras 1, 2, 4, 8, 16, 32, 64...

Hay que hacer mención aparte del compás de un solo tiempo (con un 1 en el numerador), que como cumple la premisa de poder ser representado por una figura de sonido simple entraría, por la propia definición, a formar parte de los compases de raíz binaria.

Se podría argumentar de otra manera la pertenencia a los compases de raíz binaria del compás de un tiempo.

Se podría definir en compás de raíz binaria a aquel compás cuyo número de tiempos está definido por un número de carácter exponencial cuya base es siempre el número 2 y tiene por exponente un número entero positivo, es decir, un número natural.

Si colocamos sucesivamente los resultados en orden ascendente (de menor a mayor), se puede formar la siguiente serie de números: 2^0, 2^1, 2^2, 2^3, 2^4, 2^5, 2^6..., que se convierte, una vez realizado el cálculo, en: 1, 2, 4, 8, 16, 32, 64...

59. Que pueden dividirse en mitades hasta el nivel métrico 1.1 (tiempo), a partir del cuál su división es ternaria. Por lo tanto, y pongamos por ejemplo un compás de seis por ocho, puede dividirse en dos mitades en su nivel métrico 1.1 (dos tiempos), siendo la negra con puntillo la figura equivalente a cada uno de los tiempos del compás.

60. Tal y como se refleja en los libros de teoría de la música de J. Zamacois y J. Chailley.

61. Se entiende que tal generalización de la lengua italiana fue en el contexto de la música llamada *occidental*, que en el siglo XVII correspondía a la música europea.

62. Lo mismo ocurre en el caso del *f* (*forte*) del cual derivan *ff* y *fff*, *fortissimo* y *fortissisimo* respectivamente.

63. Para adentrarse más en el conocimiento de la terminología musical en diferentes idiomas, véase Roberto Braccini, *Vocabulario de términos musicales*, Ed. Música española contemporánea, 1994.

64. Se entiende una variación en la velocidad escogida para la obra, ya que existen otros factores que supondrán variaciones en la interpretación, aunque la obra se ejecute exactamente con el mismo *tempo*, es decir, con la misma velocidad.

65. Aunque en la actualidad se continúan usando metrónomos mecánicos como los de Maelzel, lo más generalizado es usar metrónomos electrónicos, mucho más prácticos y fiables.

66. En la primera columna se colocarán los términos comúnmente usados en italiano, y en la segunda columna su significado en castellano.

67. El término *grave*, junto a los términos *moderato, allegro* y *allegretto*, sería más un término de carácter que de movimiento; sin embargo, su uso se ha generalizado dentro de los términos de movimiento.

68. Entre paréntesis se indicarán las abreviaciones de los términos. Solamente se mostrarán las más usuales.

69. También puede ponerse el término italiano *subito* a los distintos grados de la escala de matices.

70. Estas indicaciones se han puesto como ejemplo, ya que el término italiano *sempre*, puede acompañar a cualquiera de las indicaciones de matiz.

71. A veces se precisa más el matiz *sforzando* de la siguiente manera:

Sforzando piano **sfp**   Una nota **p** en medio de una **pp**
Sforzando forte **sff**   Una nota **ff** en medio de una **f**

72. Con frecuencia se tiene la tendencia a interpretar erróneamente el *sforzando* (*sf*, **sfz**), como si fuera un acento con un matiz siempre *forte* (*f*). Este error es debido, probablemente, a que en las abreviaciones aparece el signo *f*, el cual se confunde con el significado *forte*.

Así, por ejemplo, cuando en un fragmento con matiz **pp**, las notas con la indicación *sforzando* se interpretarán como si fueran con un matiz **p**.

73. A todos estos signos (⟋, ⟍, **p** ⟨*f*, ⟩ **p**, **p** ⟩*f*, *f* ⟍ ∅, ∅ ⟍ *f*) y a otros de la misma índole se les conoce con el nombre de *reguladores*.

Es conveniente indicar el matiz con que debe empezar y acabar el regulador, como por ejemplo: **pp** ⟋ **ff**, **ff** ⟍ **pp**.

74. Aunque teóricamente la palabra *picado* se refiere al signo *staccatissimo*, se ha generalizado su uso para indicar el *staccato*.

Sería conveniente, para no crear confusión, generalizar el uso de los términos italianos *staccato* y *staccatissimo* para indicar dichas articulaciones.

75. Siempre que aparezca la palabra *Realización*, debe entenderse que es aproximada, ya que este tipo de signos (acentuaciones, adornos...) no tienen una interpretación exacta y puede variar por la influencia de elementos colaterales al propio lenguaje (el intérprete, la época, etc.).

76. Cuando el signo de respiración está colocado entre paréntesis, indica que dicha respiración es opcional o de emergencia, para los intérpretes de viento (véase ejemplo 191 a, último compás).

77. Se habla aquí de que la posición de la nota en el pentagrama ha de comportar que el sonido de la segunda nota sea más agudo o más grave; esto debe ser así, porque se puede dar el caso de que la escritura de un intervalo en el pentagrama sea descendente, mientras que la dirección del sonido sea ascendente y viceversa.

Un ejemplo de lo anterior podría ser el intervalo $mi^{\flat\flat}_3$-re^{x}_3. La nota $mi^{\flat\flat}_3$ está situada en la primera línea del pentagrama, mientras que re^{x}_3 está justo debajo de la primera línea. Al estar la segunda nota situada por debajo de la primera, la dirección del intervalo sería descendente (visualmente hablando).

Si, por el contrario, nos fijamos en el sonido que genera la escritura de las notas, el sonido $mi^{\flat\flat}_3$ es equivalente (sinónimo o enarmónico) al sonido de la nota re_3, mientras que el re^{x}_3 es el mismo que genera la nota mi_3; por lo tanto, al ser el sonido de la segunda nota más agudo que el de la primera, el intervalo, desde este punto de vista, es ascendente.

Como consecuencia de lo anterior se podría decir que el intervalo $mi^{\flat\flat}_3$-re^{x}_3 es visualmente descendente, pero de sonoridad ascendente.

Debe primar en este caso la cuestión sonora por encima de la visual (la música tiene por esencia el sonido, y no la grafía), y considerar $mi^{\flat\flat}_3$-re^{x}_3 un intervalo ascendente.

La discusión de intervalos donde no coincide la dirección visual y la sonora es prácticamente estéril desde el punto de vista de la realidad musical, ya que en la literatura musical de ámbito tonal es de rara aplicación (salvo en algunos casos de cambio enarmónico), y en el ámbito de la música no tonal se usaría la sinonimia de las notas (véanse notas 82 y 83).

78. Los términos *natural* y *alterado* para designar la categoría de las notas que forman el intervalo debe quedar ampliado cuando estemos en el mundo de la música tonal. En tal caso, debería considerarse *natural* todo intervalo que esté constituido por notas (alteradas o no) que formen parte de la escala natural (la que determinan la armadura) de la tonalidad en la cual esté inmerso, reservando el término *alterado* para aquel intervalo en el que alguna de las notas (alteradas o no) que lo constituyen no formen parte de la escala natural de la tonalidad a la cual pertenece.

79. Véanse notas 6 y 18.

80. A menudo, los intervalos mayores que la décima son llamados: onceava, doceava…, pero siguiendo la nomenclatura lógica de los ordinales, se tienen que denominar undécima, duodécima…

81. En todos los sistemas de organización del sonido, la octava justa marca una unidad superior a partir de la que se vuelve a la primera nota de la serie.

82. Es preferible la denominación de *intervalo sinónimo* (propuesta por J. *Chailley* en su libro de teoría de la musical) al de *intervalo enarmónico*, ya que en la primera denominación no hay implícita ninguna connotación de carácter tonal y, por lo tanto, el significado puede ser extensible a cualquier sistema de organización de los sonidos; sin embargo, su uso no ha conseguido imponerse todavía, y en un buen número de tratados se le sigue llamando *enarmónico*.

83. Evidentemente, cuando hablamos de sinonimia se hace dentro del contexto del sistema temperado de afinación, con el conocimiento de que no es el único sistema de afinación posible, pero se trata del sistema de más uso en la actualidad

84. Las propiedades físicas se mantendrán constantes siempre y cuando el sistema de afinación se mantenga constante, ya que si cambia éste, cambia la vibración de las notas que lo componen, y también la relación entre ellas, con lo que cambiará su sonido y la percepción que tengamos de él.

85. Para obtener la serie de los armónicos superiores de las demás notas, sólo hay que transportar la serie a cada una de ellas.

Bibliografía

Abraham, G., *Historia universal de la música*, Madrid, Taurus, 1986.

Abromont, C., *Guide de la théorie de la musique*, París, Fayart-Henry Lemoine, 2001.

Bonet, N., *Tractat de solfeig I*, Barcelona,1984.

Bosseur, D. y J.-I. Bosseur, *Révolutions musicales*, París, Minerve, 1999.

Braccini, R., *Vocabulario internacional de términos musicales*, Madrid, Editorial de música española contemporánea, 1994.

Caldwell, J., *La música medieval*, Madrid, Alianza, 1984.

Cattin, G., *El Medioevo. Primera parte* (Historia de la música, vol. 2), Madrid, Turner, 1987.

Chailley, J. y H. Challan, *Teoría completa de la música*, París, Alphonse Leduc (2 vols.).

Comotti, G., *La música en la cultura griega y romana* (Historia de la música, vol. 1), Madrid, Turner, 1986.

Cooper, G. y L. B. Meyer, *Estructura rítmica de la música*, Barcelona, Idea Books, 2000.

De Pedro, D., *Teoría completa de la música*, Madrid, Real musical,1994 (2 vols.).

— y V. Sánchez, *Manual práctico de ornamentación barroca*, Madrid, Real musical, 1987.

Fraise, P., *Psicología del ritmo*, Madrid, Morata, 1976.

Gallico, C., *La época del humanismo y del renacimiento* (Historia de la música, vol. 4), Madrid, Turner, 1986.

Gallo, F. A., *El medioevo. Segunda parte* (Historia de la música, vol. 3), Madrid, Turner, 1987.

Grabner, H., *Teoría general de la música*, Madrid, Akal, 2001.

Grout, D. J., *Historia de la música occidental*, Madrid, Alianza, 1988 (2 vol.).

Hoppin, R. H., *La música medieval*, Madrid, Akal, 1991.

—, *La musique au moyen age*, Liège, Pierre Mardaga, éditeur, 1991 (antología).

Károlyi, O., *Introducción a la música del siglo XX*, Madrid, Alianza, 2000.

Linde, H.-M., *Pequeña guía para la ornamentación de la música de los siglos XVI-XVIII*, Buenos Aires, Ricordi Argentina, 1998.

Lussy, M., *El ritmo musical*, Buenos Aires, Ricordi Americana, 1986.

Michaca Valenzuela, P., *La evolución de la armonía a través del principio cíclico-tonal*, México, Universidad Nacional Autónoma de México, 1972.

Michels, U., *Atlas de música I y II*, Madrid, Alianza, 1992.

Morgan, R. P. (ed.), *Anthology of Twentieth-Century Music*, New York-London, W. Wc. Norton & Company, 1992.

Palisca, C. V. (ed.), *Norton Antology of Western Music*, New York-London, W. W. Norton & Company, 1988.

Persichetti, V., *Armonía del siglo XX*, Madrid, Real Musical, 1985.

Quantz, J. J., *Essai d'une méthode pour apprendre à jouer de la flute traversière*, París, Aug. Zurfluh, 1975 (facsímil de la edición de Berlín de 1752).

Resse, G., *La música en el Renacimiento*, Madrid, Alianza, 1988.

—, *La música en la Edad Media*, Madrid, Alianza, 1989.

Riemann, H., *Historia de la música*, Barcelona, Labor, 1930.

—, *Teoría general de la música*, Barcelona, Labor, 1945.

Roland-Manuel, *Histoire de la musique*, París, Gallimard, 1960 (4 vols.).

Sadie, S., *The new Grove dictionary of music & musicians*, Londres, Macmillan, 1980 (20 vol.).

Shönberg, A., *Armonía*, Madrid, Real Musical, 1974.

Smith Brindle, R., *La nova música*, Barcelona, Antoni Bosch, 1979.

Stone K., *Music Notation in the Twentieth Century*, New York-London, W. W. Norton & Company, 1980.

Swarowsky, *Dirección de orquesta*, Madrid, Real musical, 1988.

Toch, E., *Elementos constitutivos de la música*, Barcelona, Idea Books, 2001.

Veilhan, J.-C., *Les Règles de l'Interprétation Musicale à l'Époque Baroque*, París, Alphonse Leduc, 1977.

Willems, E., *El ritmo musical*, Buenos Aires, Editorial Universitaria de Buenos Aires, 1979.

Zamacois, Joaquín, *Teoría de la música*, Barcelona, Idea Books, 2002 (2 vols.).

En la misma colección:

Taller de música:

Cómo potenciar la inteligencia de los niños con la música - *Joan Maria Martí*

Ser músico y disfrutar de la vida - *Joan Maria Martí*

Cómo preparar con éxito un concierto o audición - *Rafael García*

Técnica Alexander para músicos - *Rafael García*

Musicoterapia - *Gabriel Pereyra*

Cómo vivir sin dolor si eres músico - *Ana Velázquez*

Taller de teatro:

El miedo escénico - *Anna Cester*

La expresión corporal - *Jacques Choque*

Cómo montar un espectáculo teatral - *Miguel Casamayor y Mercè Sarrias*

Taller de escritura:

El escritor sin fronteras - *Mariano José Vázquez Alonso*

La novela corta y el relato breve - *Mariano José Vázquez Alonso*

Cómo escribir el guión que necesitas - *Miguel Casamayor y Mercè Sarrias*

Taller de comunicación:

Periodismo en internet - *Gabriel Jaraba*